CONOZCA
SU ANTIGUO TESTAMENTO

CONOZCA
SU ANTIGUO TESTAMENTO

W. T. Purkiser

cnp

Casa Nazarena de Publicaciones
Lenexa, Kansas E.U.A.

Publicado por
Casa Nazarena de Publicaciones
17001 Prairie Star Parkway
Lenexa, Kansas 66220 USA

ISBN 978-1-56344-668-9

Publicado originalmente en Inglés:

Know Your New Testament
Por W.T. Purkiser
Copyright © 1947
Published by Beacon Hill Press of Kansas City
a division of Nazarene Publishing House
Kansas City, Missouri 64109 USA

This edition published by arrangement
with Nazarene Publishing House.
All rights reserved.

Contenido

*Este material fué agregado por el traductor.

Introducción

El Romance del Antiguo Testamento

La escritura, preservación, transmisión, y traducción de la Santa Biblia en millares de idiomas, es una de las más interesantes historias que el mundo haya conocido. Moisés dijo, "Habló Dios todas estas palabras" (Exodo 20:1), y una veintena de corazones devotos las oyeron, y escribieron, "siendo inspirados por el Espíritu Santo'" (2ª Pedro 1:21).

La Biblia es más que una obra sublime de literatura que el mundo haya conocido. Su título significa "El Libro," y su propósito es el de presentar el plan de Dios para la redención de la raza humana. El pecado humano y el amor divino uniéndose en la gracia redentora: este es el tema grandioso del Libro de los libros.

Es nuestro propósito en este estudio el de examinar el contenido de la primera de las dos grandes divisiones de la Biblia: el Antiguo Testamento. El término "testamento," significa "pacto," o "contrato." Poco después de seleccionarse los escritos que componen el Nuevo Testamento, los escritos hebreos que formaron su antecedente se conocieron como el *antiguo* pacto y los escritos cristianos vinieron a ser, por ese hecho, el *nuevo* pacto o sea el Nuevo Testamento. (Véase Hebreos 8:6-13).

Sin embargo, estas porciones de la Biblia no pueden ni deben separarse. Tratan un tema solamente. Aunque fueron escritos por más de cuarenta autores diferentes incluyendo profetas, reyes, sacerdotes, guerreros, agricultores, abogados eclesiásticos, colectores de impuestos, pescadores y maestros, a través de toda la obra se revela una unidad orgánica. Ninguna porción podría quitarse sin destruir algo vital de la obra completa. El Antiguo Testamento es incompleto sin el Nuevo Testamento.

El Nuevo Testamento requiere el fundamento del Antiguo Testamento. O como Francis Bacon observó, "El Nuevo Testamento se encuentra envuelto en el Antiguo; el Antiguo se devela en el Nuevo."

Hay muchos problemas difíciles acerca de la autoridad, cronología (el señalar fechas correctas), y crítica textual que se encuentra fuera del alcance de un estudio como éste. El estudiante interesado debe consultar algunas de las muchas introducciones bíblicas que hay en inglés como las de Harman, Orr, Raven, y Cartledge, además de algunos otros libros que han aparecido en castellano.

Sin embargo, podemos afirmar con confianza, que, "Creemos en la inspiración plenaria de las Sagradas Escrituras por las cuales entendemos los sesenta y seis libros del Antiguo y. Nuevo Testamentos, dados por inspiración divina, revelando infaliblemente la voluntad de Dios respecto a nosotros en todo lo necesario para nuestra salvación; de manera que ninguna cosa que no contengan ellas ha de imponerse como artículo de fe" (Artículo IV; Primera Parte, Artículos de Fe; Constitución de la Iglesia del Nazareno; *Manual de la Iglesia del Nazareno*, 1948, página 28).

La Estructura del Antiguo Testamento

1. El Canon Judío.

Las Escrituras Judías principiaban, como nuestro Antiguo Testamento, con los cinco libros de Moisés, que los hebreos llamaban el Torah, o Ley. Constituían el centro de los escritos que consideraban como autoritarios, y eran reconocidos como tales desde hacía mucho tiempo (400 A.C. y anteriormente).

Los judíos dividían los libros restantes del Antiguo Testamento en dos partes principales: primera, los Profetas; y segunda, los Escritos Sagrados, o la *Hagiographa*.

Los *Profetas* se agrupaban en dos secciones:

(a) *Los Profetas Antiguos* entre los que se incluían a Josué, Jueces, I y II de Samuel, y I y II de Reyes. Los libros dobles, como I y II de Samuel y I y II de Reyes, eran considerados en cada caso como un libro y juntos presentaban una historia bien conectada de la nación, desde Samuel hasta la destrucción de Jerusalem por Nabucodonosor.

(b) *La Sección los Profetas Posteriores* contenía cuatro libros: Isaías, Jeremías, Ezequiel, y los "Doce," refiriéndose este último término a los doce profetas menores mencionados en nuestra versión castellana: Oseas, Joel, Amós, Abdías, Jonás, Miqueas, Nahum, Habacuc, Sofonías, Haggeo, Zacarías y Malaquías.

La tercera división de las Escrituras Hebreas se conoce como los *Escritos Sagrados.* Incluye tres grupos menores:

(a) *Los Libros Poéticos*—Salmos, Proverbios, y Job. Debido a que los Salmos se encuentran a la cabeza de los Escritos Sagrados, toda la colección se conocía como los "Salmos," dando origen así a la expresión usada por Jesús, "La ley de Moisés, y en los profetas, y en los Salmos" (Lucas 24:44).

(b) *Los Rollos, o Megilloth*—Los Cantares de Salomón, Ruth, Lamentaciones, Eclesiastés, y Esther—cinco por todos.

(c) *Los Libros Restantes,* algunas veces llamados libros históricos—Daniel, Esdras-Nehemías (que se contaban como uno), y I y II de Crónicas que también se contaban como uno.

2. El Antiguo Testamento.

El arreglo de los libros en nuestro Antiguo Testamento difiere un poco del de los judíos. Este arreglo sigue el orden de la Vulgata que fué en cierto sentido influenciada por el arreglo de la versión Septuaginta (véase más adelante). En nuestras versiones la división es como sigue:

(a) *El Pentateuco*—Génesis, Exodo, Levítico, Números y Deuteronomio—cinco libros. La palabra Pentateuco viene del griego y significa "Libro de Cinco Partes."

(b) *Los Libros Históricos*—subdivididos de acuerdo con su material histórico en tres grupos:

(1) El Período de la Confederación de las Tribus—Josué, Jueces, y Ruth—tres libros.

(2) La Organización y Decadencia de la Monarquía—I y II de Samuel, I y II de Reyes, I y II de Crónicas—tres libros dobles dando un total de seis.

(3) La Cautividad y el Retorno—Esdras, Nehemías y Esther—también tres en número.

(c) *Los Libros Poéticos y de la Sabiduría*—Job, Salmos, Proverbios, Eclesiastés y Cantares—cinco libros.

(d) *Los Profetas Mayores*—Isaías, Jeremías, Lamentaciones, Ezequiel y Daniel—cinco libros.

(e) *Los Profetas Menores*—Oseas, Joel, Amós, Abdías, Jonás, Miqueas, Nahum, Habacuc, Sofonías, Haggeo, Zacarías y Malaquías—doce libros.

El Canon del Antiguo Testamento

Puede decirse que la Biblia es el producto de una inspiración dual. Tenemos primero la inspiración primaria de los escritos originales tal y como se describen por Pablo, "Toda Escritura es inspirada divinamente y útil para enseñar, para redargüir, para corregir, para instituir en justicia, para que el hombre de Dios sea perfecto, enteramente instruído para toda buena obra" (2ª Timoteo 3:16-17).

Pero hay también la guía de la conciencia religiosa en la selección y preservación de estos escritos inspirados. Este proceso, que duró muchos siglos en el caso del Antiguo Testamento, se conoce como la formación del "canon," siendo el canon una lista de libros considerados como inspirados y por ese hecho, la regla de fe y doctrina del pueblo de Dios.

El Torah, o Ley—nuestro Pentateuco—era reconocido como la Ley de Dios desde muy al principio en la historia del pueblo escogido. Es así como Esdras fué un "escriba diligente" en la ley de Moisés, y leyó el libro a todo el pueblo reunido (Esdras 7:6, 11, 14; Nehemías 8:1, 5, 8). Los profetas fueron reconocidos generalmente como canónicos como por el año 200

A.C. y los Escritos como cien años más tarde. Ya para el tiempo del Concilio de Jammia (90 D.C.), el canon del Antiguo Testamento tal como lo tenemos ahora había sido aprobado totalmente por los rabíes.

Digno es de notar que el Nuevo Testamento cita o se refiere a todos los libros del canon del Antiguo Testamento hebreo, con excepción de Esdras, Nehemías, Esther, El Cantar de los Cantares, y Eclesiastés. Habla frecuentemente de un grupo de Escrituras considerado como autoritario, como santo, como el oráculo de Dios. Así que el testimonio valioso de Cristo y de los apóstoles se agrega al testimonio de la conciencia religiosa de todos los tiempos en el sentido de que en el Antiguo Testamento tenemos una revelación autoritaria, aun cuando progresiva y por lo tanto parcial, de Dios y de su voluntad para con el hombre.

Los Manuscritos del Antiguo Testamento

Los escritos originales, tanto del Antiguo como del Nuevo Testamentos, conocidos como autógrafos, han desaparecido desde mucho ha. El descubrimiento de uno de ellos en la actualidad sería el hallazgo de un tesoro incalculable. Sería algo hermosísimo tener un rollo con la escritura de Moisés o de Isaías, o de San Pablo. Sin embargo, la naturaleza frágil de los materiales de escritura de aquel tiempo, el uso constante a que fueron sujetos los originales, y los largos períodos de tiempo involucrados, han contribuido a la desaparición completa de estos autógrafos. Sin duda que la providencia de Dios debe considerarse aún en estas cosas. La naturaleza humana es por tendencia idólatra hasta el punto de incurable, y los pergaminos y la tinta pronto hubieran recibido la adoración que solamente pertenece a la Verdad viviente.

En tanto que un número de manuscritos del Nuevo Testamento datan desde cuatrocientos años en que se escribieron los originales, ningún manuscrito hebreo del Antiguo Testamento se encuentra dentro de ese tiempo en relación con su original. El fragmento conocido más antiguo, llamado el "Papyrus Nash," data desde el año 150 D.C., pero contiene solamente los Diez Mandamientos y Deuteronomio 6:4, el "Shema." El Códice de San Petersburgo, contiene solamente los Profetas Posteriores (Isaías, Jeremías, Ezequiel y "Los Doce"), y data del 916 D.C. Hay un buen número de textos hebreos, casi tan viejos como éste, que forman la base para las actuales traducciones del Antiguo Testamento.

No es difícil deducir lo sucedido con los antiguos manuscritos. Por centenares de años, los judíos enterraban cuidadosamente todos los rollos de las Escrituras que estaban ya demasiados viejos para usarse, o que de una u otra manera estuvieran defectuosos. El propósito era el de evitar que estos escritos sagrados cayeran en manos profanas. Muchas de las copias antiguas, ahora en posesión de los eruditos cristianos, deben su existencia al hecho de que cayeron en manos de gentiles antes de que se volvieran demasiado viejas.

Estos textos antiguos son una maravilla por lo que respecta a copiarlos con exactitud. Los escribas judíos que pasaban su vida copiando la Ley, los Profetas, y los Escritos Sagrados se conocían como massoretes, debido a los comentarios enormes o *massorah* en que trabajaban. Acostumbraban contar todas las letras del texto, numerando las veces en que ocurrían las diferentes expresiones, anotando las letras y palabras de en medio para asegurarse de que ni una jota o título estuviera equivocada. Aún las palabras que se creía tenían un cierto error accidental, quedaban sin corregirse, pues eran copiadas exactamente poniendo en una nota al margen lo que el escriba consideraba como expresión correcta. De esta manera, a centenares de escribas que fracasaron en reconocer a Jesús como Aquel de quien "Moisés y los profetas escribieron," debemos nuestra confianza en la exactitud del Antiguo Testamento.

Las Versiones Inglesas del Antiguo Testamento

En tanto que el manuscrito es copia de un original en su propio idioma, la versión es una traducción en otro idioma, y en la actualidad se han hecho versiones (traducciones) de la totalidad o porciones de la Biblia en más de mil idiomas. Notaremos aquí algunas de las versiones históricas más importantes del Antiguo Testamento.

1. La Septuaginta.

Sin lugar a duda, la versión más importante desde el punto de vista histórico del Antiguo Testamento, es la Septuaginta, abreviada LXX. Esta versión notable se hizo en Alejandría como 300 años antes de Cristo. Fué una traducción al griego ordinario de aquel tiempo y se cree que fué hecha por setenta y dos eruditos judíos—de allí el nombre. Por ser la primera traducción de las Escrituras, la Septuaginta fué considerada en muy alta estima por los cristianos primitivos. Treinta y tres de las treinta y siete citas que hizo Jesús, son de la versión Septuaginta del Antiguo Testamento. Las copias más antiguas de toda la Biblia, la Sinaítica, la Vaticana y la Alejandrina, todas dan el texto de la Septuaginta.

2. El Peshito.

Otra de las versiones que contiene el Antiguo y Nuevo Testamentos, es la traducción al Siriaco, probablemente en la segunda centuria. Esta se conoce con el nombre de "Peshito," que significa "claro," o "literal," debido a su fidelidad respecto a los originales griego y hebreo.

3. La Vulgata.

El extendimiento del cristianismo por toda Italia y el norte de Africa en donde se usaba en gran parte el latín, produjo una tercera versión histórica de la Biblia entera, digna de notarse. Esta fué "La Vulgata," de Jerónimo, llamada así por su uso del latín ordinario. El trabajo se hizo durante la estancia de Jerónimo en Bethlehem (392-405 D.C.). La Vulgata vino a ser y es todavía el texto latino *standard* de la iglesia católica romana. Contiene no solamente los sesenta y seis libros de la bien conocida Versión Autorizada sino también los once libros de la Apócrifa, considerados por la iglesia católica como inspirados, pero rechazados unánimemente por el protestantismo basándose en la autoridad de las más antiguas.

4. Versiones Anglo-Sajonas.

En el siglo séptimo, se enviaron a Inglaterra misioneros cristianos con el fin de convertir a los anglo-sajones. Su empresa fué coronada por el éxito y su obra marcó el principio de una verdadera cultura anglo-sajona. Se hicieron varios intentos interesantes para traducir la Biblia al anglo-sajón. Caedmón, trabajando en un monasterio de Whitby, parafraseó algunos capítulos del Génesis en el año 670 D.C. En el año 735 D.C., el Venerable Beda, el más grande erudito de su tiempo, completó una traducción del evangelio de Juan. El rey Alfredo (849-901 D.C.), es notable no solo por sus proezas y por los Caballeros de la Mesa Redonda, sino también por la traducción de los Salmos y el Decálogo.

5. Versión de Wiclyffe.

La formación del lenguaje inglés desde la conquista por los Normandos (1066 D.C.), hasta la conclusión de la era de Elizabeth, como por el año 1600 D.C., ha provisto un vehículo excepcionalmente interesante para la traducción de los idiomas originales de la Biblia. Quedan todavía por considerar algunas importantes versiones al inglés.

Juan Wycliffe, conocido como la "Estrella de la Mañana de la Reforma," un erudito de Oxford y predicador de parroquia, completó la versión inglesa de la Biblia en el año 1384 D.C. Debido a que se hicieron copias a mano, no se publicaron muchos volúmenes. Todavía sobreviven como 170 ejemplares.

6. Guillermo Tyndale, "Padre de la Biblia Inglesa."

Guillermo Tyndale nació cuando Gutenberg, el inventor de la imprenta, estaba trabajando todavía en la edición en pergamino de la Vulgata Latina, que fué su primera obra impresa (1454 D.C.). Sorprendido y alarmado por la tremenda ignorancia de los clérigos hizo voto solemne de que, "Si Dios me concede vida, haré que el muchacho campesino conozca más de la Biblia que el sacerdote de la parroquia." El medio para obtener este fin fué la Biblia en el lenguaje vernacular. En tanto que Wycliffe se había contentado con traducir del latín, Tyndale fué hasta el griego y el hebreo, y su obra completa (1530 D.C.), fué la primera Biblia inglesa impresa. Pero Guillermo Tyndale pagó caros sus esfuerzos en favor de la Palabra de Dios. Fué desterrado de Inglaterra, perseguido por donde quiera que iba, hasta que fué traidoramente entregado en manos de sus enemigos, estrangulado, y quemado. Sus últimas palabras fueron una petición en grado extraño reminiscente de su Maestro, "Señor, abre los ojos del rey de Inglaterra."

7. Revisiones de las Versiones de Tyndale.

Aunque rechazado en vida, Tyndale y su obra recibieron casi reivindicación inmediata después de su muerte. El arzobispo Cranmer, uno de los enemigos más acérrimos de Tyndale, persuadió al rey Enrique VIII que aprobara una traducción inglesa de la Biblia. *Miles Coverdale* fué comisionado para hacer la obra y su "traducción" fué casi una copia exacta de la versión de Tyndale. Fué publicada en el año 1535 con el nombre de Cranmer en la página del título.

La Biblia de Mateo (1537), la Biblia "Grande" (1539), y la Biblia del "Obispo" (1569) fueron todas copias casi literales de la obra ya bien conocida de Tyndale. La prueba de la vitalidad y valor intrínseco de la traducción de Tyndale se ve en el hecho de que en muchas lecturas, los que han revisado la Versión Autorizada, tres y medio siglos más tarde, han retornado a las expresiones fuertes y viriles del "padre de la Biblia inglesa."

La Biblia de Génova fué publicada en el año de 1560 por un grupo de cristianos ingleses desterrados por la "Sanguinaria María," reina de Scots.

8. La Versión de Douay.

No queriendo quedarse atrás de los protestantes y quizá urgidos por la popularidad casi instantánea de la Biblia en el lenguaje corriente, los escolares católicos ingleses publicaron

15

una traducción literal de la Vulgata Latina en el año 1609. Esta traducción se conoció como la Versión de Douay, por causa del lugar de su publicación, y es todavía el texto aceptado para los católicos de habla inglesa en la actualidad.

9. La Versión Autorizada.

Pocos disputarán el hecho de que la Versión Autorizada es la traducción más notable de la Biblia hecha en cualquier idioma. Publicada en el año 1611 después de seis años de incansable trabajo por los grandes eruditos de Inglaterra, esta versión fué dedicada al famoso Santiago I, de aquí su título, "Versión del Rey Santiago." Usando las varias modificaciones procedentes de la traducción de Tyndale, pero buscando con ansiedad el significado de los originales hebreo y griego, los traductores le han dado al idioma inglés su clásico más grandioso. Más que cualquier otro factor, esta versión de la Biblia ha cristalizado y preservado el idioma inglés. Su belleza exquisita y sencillez completa de expresión son inigualables. Por una providencia feliz, los traductores han recibido y transmitido el sentir y ritmo de las lenguas originales. Así que el inglés, con toda probabilidad el lenguaje mundial del mañana, es un medio de comunicación formado por la Biblia, preservado por la Biblia y saturado por la Biblia.

10. La Versión Revisada.

Aun cuando la Versión del Rey Santiago o Autorizada ha sido y probablemente será la más usada y querida de todas las traducciones inglesas, se originaron ciertas circunstancias que hicieron necesaria una revisión. Por ejemplo, hay un número de palabras que han cambiado de significado. La expresión "Let," que San Pablo usa en 2ª Tesalonicenses 2:7, se traduce en la Versión Autorizada de 1611 con el significado "Poner obstáculo." Hoy por supuesto significa "permitir." Además, "caridad" (1ª Corintios 13), en el año de 1611 significaba la forma suprema de un amor desinteresado. Ahora la tendencia es de considerar "caridad" como el dar de una persona, de lo que no necesita a otra persona que jamás se lo ha pedido.

Además, desde 1611, se han descubierto algunos manuscritos del Nuevo Testamento, muy importantes incluyendo el famoso manuscrito Sinaítico de Constantino Tieschendorf. Así que después de varios años de trabajo, un comité de prominentes escolares ingleses y norteamericanos publicaron en 1885 la Versión Revisada. El mensaje más largo enviado por cable trasatlántico fué el texto de toda la Versión Revisada del Nuevo Testamento transmitida desde Londres hasta Nueva York.

Durante la traducción, resultaron ciertas diferencias de opinión entre los traductores ingleses y norteamericanos. Estas diferencias hicieron que el comité norteamericano diera al público en 1901 una versión independiente conocida como la Versión Revisada Americana.

Aun cuando exactas y eruditas, en el afecto del pueblo, estas últimas versiones quizá nunca se antepondrán a la versión del Rey Santiago. Los cambios que hacen, aun cuando siempre son hacia la corrección minuciosa, no alteran la enseñanza fundamental en la fe de la Iglesia.

11. Versiones Modernas.

En años recientes, se han hecho un número de traducciones al lenguaje moderno. Aunque la calidad de estas versiones depende del traductor particular, muchas son de valor cuando se trata de proveer nuevas fases de verdades conocidas. Ninguna de ellas ha de usarse en exclusión de las versiones más antiguas y probadas por el tiempo, sino que deben usarse como complemento de otra lectura y estudio. Una comparación de las diferentes traducciones, antes que confundir, puede dar a luz nuevas fases de significado.

12. La Versión Revisada Standard.

La más reciente de las traducciones inglesas es una revisión de la Versión Revisada Americana y que se conoce como la Versión Revisada *Standard*. El Nuevo Testamento fué publicado en 1946, y se espera que toda la Biblia esté lista para 1950. Esta nueva edición fué autorizada y financiada por el Concilio Internacional de Educación Religiosa, compuesta de representantes de las Juntas de Educación de cuarenta denominaciones protestantes prominentes en los Estados Unidos y Canadá. El esfuerzo del comité de eruditos prominentes norteamericanos que pasó nueve años en la revisión del Nuevo Testamento ha sido el de combinar la exactitud erudita con la fuerza y vividez de la expresión inglesa.

Ha habido mucha crítica debido a la traducción arbitraria del término griego *hagiosmos* en la palabra inglesa "consagración," en lugar de "santidad" o "santificación" como se usan en las versiones Autorizada y Revisada. El Léxicon Griego-Inglés de Thayer, probablemente considerado como el mejor léxico del Nuevo Testamento griego, da como los varios significados de la raíz griega *hagiadzo,* los términos ingleses "hacer, rendir, o declarar sagrados, o santos, consagrar;" "el rendir o reconocer como venerable, el considerar con respeto;" "el separar de lo profano y dedicarlo a Dios, de aquí, el consagrarse y considerarse inviolable tanto de las cosas como de las personas;" "purificar" en el sentido de limpiar externalmente, por la expiación, o "purificar internamente por la reformación del alma." El Léxico Liddell y Scott (octava edición, *American Book Company*), que es la norma para todos los eruditos griegos, da para el término *hagios* los equivalentes ingleses, "sagrado, santo" cuando se refiere a cosas, y "santo, piadoso, y puro" cuando se refiere a personas. Aparte de estas obscuridades que por desgracia se han presentado en algunos textos que se refieren a la santidad cristiana, la traducción parece ser excelente.

Las Versiones Castellanas del Antiguo Testamento

1. Esfuerzos Variados.

Tomando como base la Vulgata Latina que como dejamos asentado, fué una traducción que Jerónimo hizo en los años 392 al 405 D.C., Alfonso X, conocido también con el nombre de Alfonso el Sabio, hizo la primera traducción del Antiguo Testamento al romance castellano en 1280.

Esta versión principió una cadena de traducciones incompletas de la Biblia por varias personas en diferentes épocas. Mencionaremos sólo la de Moisés de Arrajel en 1430 y la del ilustre Juan de Valdés quien en 1534 publicó una versión de los Salmos, los Evangelios y las Epístolas.

Pero no fué sino hasta 1478 que en Valencia, y en el dialecto valenciano se publicó la obra de Bonifacio Ferrer, erudito católico romano. Esta versión de la Biblia fué quemada por orden de la Inquisición poco tiempo después de ver la luz pública.

Juan Pérez de Pineda publicó en 1557 una versión de los Salmos. Ya antes había aparecido en Ferrara una traducción literal del Antiguo Testamento basada en el texto hebreo. Esta versión antigua no incluyó los libros apócrifos.

2. Versión de Casiodoro de Reina.

Casiodoro de Reina, notable sevillano nacido en 1520, entró al monasterio desde pequeño hasta destacar como un prolífico orador sagrado. Durante el tiempo de la Reforma y por abrazar los postulados de este movimiento, lo encontramos en Basilea, Suiza, en donde apareció en 1569 su versión castellana de la Biblia, vertida directamente de los originales hebreo y griego.

Esta traducción es la más bella en el romance de Cervantes y goza de mucha aceptación entre el pueblo de habla hispana. Citaremos a don Marcelino Menéndez Pelayo, notable polígrafo español, quien dice refiriéndose a esta obra: "Habiendo sido traducida en los mejores días de la lengua castellana de Reina, sobrepuja a la de Torres Amat." Menéndez Pelayo se refiere, por supuesto, a la versión castellana del obispo de Barcelona, Félix Torres Amat, que publicó éste en Madrid entre los años 1823 y 1824 y que tradujo de la Vulgata Latina.

3. Versión de Valera.

Cipriano de Valera dedicó veinte años a la revisión y corrección de la Biblia de Casiodoro de Reina comparándola cuidadosamente con diversas traducciones y revisándola con arreglo a los originales hebreo y griego. Esta obra se publicó en 1602 en Amsterdam, Holanda. La versión de Valera goza de amplia aceptación en las iglesias evangélicas hispanoamericanas.

4. Versión de Scío de San Miguel.

Felipe Scío de San Miguel, obispo de Segovia, publicó en Valencia, España, en diez volúmenes, una versión literal de la Vulgata Latina en 1773. Posteriormente apareció otra edición en Madrid, en 1794. Esta Biblia carece de arraigue aun entre los católicos romanos quienes prefieren usar la Versión de Torres Amat arriba mencionada.

5. Versión de Vencé.

En 1831 y 1833 se publicó en la ciudad de México una Biblia traducida de la versión francesa de Vencé. Esta fué la primera Biblia publicada en territorio latinoamericano. La publicación se hizo a dos columnas en español y en latín, compuesta de veinticinco tomos, con mapas bíblicos y la anotación de que fué impresa en la imprenta de Galván. Se le conoce también como la Biblia de Vencé.

6. La Versión Moderna.

Juan Pratt, honorable misionero presbiteriano, publicó en 1893 una versión de las Escrituras que él mismo cotejó con diversas traducciones entre las que incluyó a las de Casiodoro de Reina, Scío de San Miguel, Torres Amat y de Valera. La tradujo de los idiomas originales y le puso por nombre "Versión Moderna." No obstante que algunos pasajes del Antiguo Testamento quedan mejor traducidos en esta versión, la obra adolesce de muchos defectos, mayores quizá que los de cualquiera obra semejante y por ello mismo no ha tenido mucha aceptación entre el pueblo evangélico. La publicación de la Versión Moderna representa la piedad evangélica y celo cristiano del misionero Juan Pratt y la cooperación decidida de la Sociedad Bíblica Americana en la obra del extendimiento del Evangelio. Fué esta Sociedad Bíblica quien publicó esta obra.

7. La Versión más Reciente.

La más reciente de las versiones de la Biblia fué hecha por Eloino Nacar Fuster, conónigo ·lectoral de la catedral de Salamanca y Alberto Colunga de la Orden de los Predicadores. Esta versión se publicó en un solo volumen en 1944 por la Editorial Católica y contiene una introducción bien documentada, un pequeño diccionario bíblico con ilustraciones de artistas flamencos, y una encíclica del papa Pío XII. La segunda edición de esta obra se imprimió en 1947, lo que prueba la amplia aceptación que tiene entre el pueblo católico romano.

Capítulo Uno

El Libro de los Principios

FUENTES: Génesis 1—36.

PERIODO: Desde la creación hasta el nacimiento de José, como por el año 1725 A.C.

La historia de la revelación de Dios al hombre principia con las palabras sencillas, "En el principio crió Dios." De la frase, "En el principio," nos viene el título para el primer libro de la Biblia: Génesis, un término griego que significa "principio."

El Himno de la Creación

(Génesis 1—3)

El Génesis principia con lo que se conoce como "El Himno de la Creación," o sea "El Poema de los Principios." (Véase Teología Cristiana por el doctor H. Orton Wiley, Volumen I, páginas 450-55). Debemos recordar que la Biblia no es ni ciencia ni historia, sin embargo es científica e histórica. La ciencia trata de la observación, clasificación, descripción y predicción de los procesos ordenados de la naturaleza tal como ésta nos los presenta. Cualquier intento a buscar en el pasado los procesos actuales de la naturaleza se basa en ciertas suposiciones que realmente no encuadran en el nivel de la ciencia. No obstante, las ciencias nos ayudan mucho a comprender las maneras y métodos por los que Dios ha ejecutado y está llevando a cabo todavía sus propósitos en este mundo.

Cierto es que no todas las interpretaciones del Génesis pueden armonizarse con algunas de las teorías de los científicos. Puede decirse enfáticamente, sin embargo, que ningún hecho de la ciencia contradice el relato escritural. El escritor sagrado está dando el "por qué" de la creación y no el "cómo." Su relato armoniza más bien con un propósito que con una descripción.

1. Los Principios *(Génesis 1:1—2:3).*

Juan Ruskin ha dicho que las tres preguntas más grandes de la filosofía son: "¿De dónde? ¿A dónde? ¿Por qué?" Busquemos en el Génesis la respuesta a la primera pregunta.

Primero, notemos que la existencia de este universo nos lleva hasta su principio en el acto creador de un ser personal, omnipotente e inteligente—Dios. El orden físico no es eterno ni existió por sí solo. Su orden y sus procesos sistemáticos no vinieron por una mera coincidencia. El universo no existe por una mera casualidad. Se basa en el propósito creador de la Persona Eternal—Dios. Hasta hoy no ha habido una filosofía de orígenes más profunda y satisfactoria que ésta.

Segundo, el lector cuidadoso observará que aquí hay dos tipos de obra divina. Primero, tenemos la creación inmediata. Así es como se usa la palabra "crear" en los versículos 1, 21, y 27. Esto quiere decir traer a existencia lo que anteriormente no existía. Los tres actos creadores de Dios trajeron a existencia la materia, la vida animal o consciente, y la personalidad humana.

Tenemos también la creación secundaria, o formación, en que se usan las palabras "hacer," "hizo," "sea." Tenemos aquí el pensamiento de modelar y formar el material que ya ha existido anteriormente. Se describen siete actos formativos: (1) la formación de la luz cósmica, (2) el firmamento o expansión de los cielos con la reunión de las aguas en los océanos y lagos, y el descubrimiento de la tierra, (3) la vegetación, (4) la revelación del sistema solar por la desaparición de nieblas circulares, (5) la vida en las aguas, (6) la vida en la tierra, y (7) el organismo físico humano.

Tercero, debe notarse también que estas actividades creadoras ocurrieron bajo una forma temporal. El término traducido en nuestra Biblia castellana como "día" es el término hebreo

23

yom, un término usado como 1,480 veces en el Antiguo Testamento con una gran variedad de significados. Se traduce en las palabras "tiempo," "vida," "hoy," "edad," "para siempre," "continuamente" o "perpetuamente." El significado original parece haber sido el de "poner lapso de tiempo a." Vino a ser "día" en el sentido de un período de veinticuatro horas de tiempo, posteriormente en el desarrollo del lenguaje hebreo.

El tiempo involucrado no es aquí el punto de más importancia. El tiempo nada hace. No es creativo. El tiempo no es sino el cuadro en que ocurren los eventos. La cosa importante es reconocer que el poder creativo y director en el universo es el poder de Dios. El que a Dios le haya placido completar su actividad creadora en seis *aeons,* en seis edades geológicas, o en seis días de veinticuatro horas, no es la cuestión de importancia. Es importantísimo, sin embargo, que reconozcamos el mundo natural como la obra de sus manos. "Y vió Dios todo lo que había hecho, y he aquí que era bueno en gran manera" (Génesis 1:31).

Dios descansó el séptimo día, santificándolo como un memorial eterno a su obra completa. La institución del sábado es así tan antiguo como la raza humana, y es también la primera institución religiosa establecida.

2.   La Creación y la Caída del Hombre *(Génesis 2:4 —3:24).*

La culminación de la obra de Dios fué la creación del hombre. El primer capítulo del Génesis describe la creación de la humanidad a la imagen de Dios dotada de la conciencia de sí mismo y de la dirección propia que hacen que el hombre sea único en toda la creación terrenal. El segundo capítulo del Génesis nos habla acerca de las condiciones de la vida primitiva del hombre, del Jardín del Edén, y de la institución del matrimonio con su principio inmutable, "Por tanto, dejará el hombre a su padre y a su madre y allegarse ha a su mujer, y serán una sola carne" (Génesis 2:24).

Qué tanto tiempo permanecieron Adán y Eva en inocencia

en el jardín que Dios les había preparado, es cosa que nosotros no sabemos. Sin embargo, este estado feliz no fué continuo, puesto que el tentador vino asumiendo forma tangible, e hizo que el hombre cayera en rebelión contra la voluntad de Dios. Es así como el pecado entró en el centro mismo de la vida humana, y la naturaleza del hombre vino a ser una naturaleza completamente manchada con la depravación moral.

La capacidad para la santidad implica la posibilidad de pecar. El centro de la tentación y la caída descansa en la libertad y poder de decidir por sí mismo, cosa que Dios ha puesto ya en el alma humana. El hacer al individuo incapaz de decidir por sí mismo sería hacerlo incapaz de obtener la santidad y la obediencia.

En el tiempo mismo de la rebelión del hombre y en el principio del drama trágico del pecado y de la decisión libre, Dios prometió un remedio. Muchos han señalado que la ropa provista para Adán y Eva, las pieles de animales, indicaban el derramamiento de sangre. Lo que esto significaba en tipo, se hizo más explícito en la promesa de que la simiente de la mujer habría de triturar la cabeza de la serpiente. El primer Adán en el jardín del Edén, dijo: "No se haga tu voluntad sino la mía," y con eso logró que un paraíso se volviera un desierto de confusión y de pecado, siendo también por ello mismo el padre de la raza en depravación. El segundo Adán, arrodillándose en el jardín del Gethsemaní dijo: "No se haga mi voluntad sino la tuya," haciendo que el desierto desapareciera y siendo la cabeza de una nueva raza redimida (Véase Romanos 5:12-21).

El Mundo Anterior a Abraham
(Génesis 4—11)

1. Caín y Abel *(Génesis 4:1-26)*.

No tardó mucho para que el pecado trajera su semilla natural—la muerte. Los primeros hijos de Adán y Eva fueron Caín y Abel. Caín fué agricultor, Abel, un pastor. Por qué medios o hacia qué alcance Dios había revelado su voluntad en la adoración divina es algo que desconocemos. Sin embargo, cuando estos dos vinieron a adorar, Caín trajo del producto de la tierra y Abel ofreció corderos de su rebaño. Dios aceptó la ofrenda de Abel, pero rechazó la de Caín. El celo de Caín y la desilusión lo hicieron cometer el primer crimen, matando al primogénito de los hijos de los hombres.

Desde entonces, Caín y Abel vinieron a ser tipos de dos formas fundamentales de religión en el mundo (véanse Judas 11 y Hebreos 11:4). El uno representa la religión sin sangre que se burla de la cruz y trata de encontrar favor con Dios por las buenas obras. El otro es la aceptación humilde por fe de la provisión hecha por Dios por la que la sangre de su Hijo es suficiente para la remisión de nuestros pecados.

2. Enoch *(Génesis 5:1-24)*.

Después del asesinato de Abel y del destierro de Caín, la raza creció rápidamente y se extendió por los valles fértiles del Asia Menor. La edad avanzada en que los patriarcas vivían contribuyó al crecimiento rápido de la civilización. Muy desde el principio encontramos a individuos a quienes se mencionan como los fundadores de ocupaciones diversas, como pastores de rebaños, músicos, y trabajadores del metal (Génesis 4:19-22).

El primer hombre después de la caída que se volvió notable por causa de su compañerismo con Dios fué el patriarca Enoch. La historia de su devoción, su espiritualidad, y su entrada a la vida eterna sin haber pasado por la experiencia de la muerte se da en un lenguaje sencillo y adecuado: "Caminó, pues, Enoch con Dios, y desapareció, porque le llevó Dios" (Génesis 5:24).

3. Noé y el Diluvio *(Génesis 5:25—10:32)*.

La tendencia moral de la humanidad desde la caída fué hacia una decadencia rápida. El pecado prevaleció tanto y la maldad se volvió tan grande que Dios decidió destruir aquella generación maligna a fin de hacer un nuevo principio.

Sin embargo, había un hombre, Noé, quien como su bisabuelo Enoch, anduvo con Dios. Dios le dijo a Noé que construyera una arca grande en la que él, su mujer, sus tres hijos y las esposas de ellos, serían librados de un diluvio mortal. Cuando Noé y su familia entraron al arca, "las cataratas de los cielos fueron abiertas" (Génesis 7:11) y las aguas inundaron toda la tierra con la cooperación de lluvias torrenciales sin precedente. Es imposible decir con certeza cuáles fueron las fuerzas naturales involucradas en este caso. Hay evidencia abundante en la geología de que la tierra ha pasado en algún tiempo de su historia por una catástrofe global originando cambios climatéricos y geológicos tremendos. En muchas partes del ártico actual, hay vestigios de vida tropical. Muchos animales tropicales y semi-tropicales se han encontrado preservados por el frío intenso, por siglos sin contar, con comida en sus bocas, comida que no pudieron tragar: una indicación misma de lo repentino de su muerte.

En Asia Menor, los arqueólogos han descubierto recientemente evidencia que da prueba elocuente de un diluvio de proporciones inmensas. En 1928 y en 1929, una expedición auspiciada por la Universidad de Pennsylvania y el Museo Británico y encabezada por el doctor C. L. Wooley, descubrió un depósito de ocho pies de barro causado por el agua mientras excavaban en el sitio de la antigua Ur. Bajo el barro encontraron vestigios de una civilización muy antigua, completamente diferente de cualquiera de las descubiertas después del diluvio. Se hicieron en 1931 descubrimientos similares en Kish, cerca de Babilonia, y en Fara.

Noé y su familia recibieron una promesa especial de que Dios no volvería a destruir la tierra con un diluvio, de la cual promesa, el arco iris sería señal especial. Sus descendientes aumentaron rápidamente y se esparcieron por los fértiles valles del Asia Menor.

4. La Torre de Babel *(Génesis 11:1-26).*

Un esfuerzo de parte del hombre primitivo de preservar la unidad y quizá de dirigir una estructura con algún significado religioso, llevó a la construcción de la torre de Babel o Babilonia como se le llamó más tarde. La amonestación que Dios dió a todo el plan y el esparcimiento de todo el pueblo, resultó en la diversidad de lenguajes, de donde tomó su nombre Babel.

En resumen, el período desde Caín hasta la construcción de Babilonia es más de dos mil años, de acuerdo con la limitada cronología de la tradición. Es muy difícil que nosotros nos demos cuenta de los desarrollos tremendos de esta edad. El tiempo transcurrido entre el nacimiento de Caín hasta el nacimiento de Abraham fué mayor que el cubierto por el resto de la Biblia entera. Muy en lo obscuro de la aurora confusa de la historia, ni la Palabra de Dios, ni la arqueología, ni la antropología nos dicen mucho de lo que quisiéramos saber acerca de este período. Desde sus principios originales la raza humana ha avanzado a un estado elevado de civilización, centralizado particularmente en la "Creciente Fértil," una área que circunda al desierto de Arabia por el norte, este y oeste y el valle del Nilo en Egipto. Era ahora tiempo de principiar la gran cadena de providencias que se prepararon para el cumplimiento de la redención prometida.

"Dios de Abraham, Isaac, y Jacob"

(Génesis 12—36)

Abraham, o Abram como se conoce hasta la promesa de Génesis 17:5, se encuentra a la cabeza de la nación escogida a través de la cual Dios se proponía completar la revelación de sí mismo al hombre. Era descendiente de Heber (de aquí, hebreo), y de Sem (de donde se deriva el término "semítico").

1. El Llamamiento de Abram *(Génesis 12—14)*.

Abram, hijo de Terah, nació en Ur de Caldea, en la "Creciente Fértil" y como dos mil años antes de Cristo. La familia emigró hacia Harán, al noroeste de la Mesopotamia. Fué aquí donde Dios se reveló a Abram diciéndole que dejara la casa de su padre y de su parentela, y siguiera hacia Canaán, la Palestina moderna.

Llevando consigo a Sarai su esposa, y a Lot su sobrino,

Abram obedeció el mandato de Dios. Yendo hacia el sur y hacia el oeste llegó hasta Sychar, en Samaria. Partiendo de allí, el pequeño grupo de emigrantes encontró una hambre tan terrible en la tierra, que se dirigieron inmediatamente al rico país de Egipto. Abram, temiendo el celo del rey o faraón de la tierra, se las arregló de manera que Sarai pasara como su hermana y no como su esposa. Aunque no debemos condenar demasiado severamente las obras de estos patriarcas que tuvieron solo una luz incierta y opaca de la conciencia, debemos notar desde luego que los resultados del mal hacer eran entonces los mismos como lo son hoy día. Quizá la ignorancia justifique al agente, pero como quiera que sea, las consecuencias de su obra no se dejaron esperar.

Forzado a salir de Egipto, Abram y su familia volvieron a Palestina. Tan numeroso era su ganado y sus ovejas, que Abram y Lot decidieron separarse a fin de evitar luchas entre sus vaqueros y pastores. Habiéndosele dado el privilegio de escoger, Lot decidió dirigirse hacia el valle fértil y bien regado del Jordán. Este escogimiento le ofreció ventajas temporales, pero probó a la larga ser desastroso.

El primer peligro por el que Lot pasó fué una invasión enemiga por el noreste. Sodoma, Gomorra, y las ciudades del plan fueron capturadas y sus habitantes juntamente con sus riquezas fueron llevados prisioneros por los conquistadores. Al saber que su sobrino había sido tomado prisionero también, Abram armó a sus siervos y se dió a la tarea de perseguir al ejército casi hasta Damasco de Siria. Debido a un ataque nocturno sobre el enemigo, Abram pudo rescatar a Lot y a los otros cautivos juntamente con todas sus posesiones. A su regreso, Melquisedec, rey de Salem y sacerdote de Jehová, le encontró y bendijo a Abram. El gran hebreo pagó sus diezmos a Melquisedec, pero rehusó conservar para sí la parte que le correspondía del botín.

2. La Promesa *(Génesis 15—20)*.

Ya se le habían dado a Abram ciertas pistas acerca del plan de Dios para él, pero poco después del rescate de Lot, le fué renovado el pacto y la promesa se hizo más definida. Abram y Sarai no tenían hijos; no obstante, Dios les había prometido una descendencia tan numerosa como las estrellas visibles de los cielos. Parece que Sarai no comprendió bien el plan y persuadió a Abram a que tomara a Agar, su criada, como concubina. Ismael, hijo de Agar, vino a ser el progenitor de una tribu numerosa de beduinos que habitan en el desierto.

Trece años más tarde, Dios se volvió a aparecer a Abram asegurándole en esta ocasión que el pacto había de cumplirse a través de un hijo de Sarai. El nombre de Abram fué cambiado a Abraham que significa "padre de multitudes," y el nombre de Sarai se volvió Sara, "princesa." Se le dió a saber también el nombre del hijo—Isaac; y se ordenó el rito de la circuncisión como señal del pacto para con Abraham y sus descendientes varones.

El ángel del pacto que comunicó la promesa a Abraham y a Sara, también reveló al patriarca el intento de Dios de castigar a Sodoma y a Gomorra cuya maldad había aumentado a un grado indescriptible. Abraham intercedió por las ciudades y obtuvo promesa de Dios de que no las destruiría si hubiera diez individuos rectos en estas dos ciudades. Sin embargo, ni siquiera diez se encontraron, así que con el fin de salvar a Lot y a su familia de la destrucción inminente, se enviaron dos ángeles a Sodoma. Lot les ofreció hospitalidad y aunque no pudo persuadir a sus yernos a que salieran de la ciudad maldita, él, su mujer y sus dos hijas obedecieron la amonestación del ángel y escaparon por su vida.

No bien acababan de salir el sobrino de Abraham y su familia de la ciudad, cuando vino la destrucción, probablemente por medio de una acción volcánica. La región entera, ahora cubierta por el Mar Muerto, se encuentra sombría y desolada: un recuerdo perpetuo de que la paga del pecado es muerte. La mujer de Lot, cuyo corazón había quedado en Sodoma, miró hacia atrás y se convirtió en estatua de sal. Aunque Lot y sus hijas lograron salir de Sodoma, no lograron sacar a Sodoma de su corazón. Del pecado de incesto que sus hijas planearon salieron los Moabitas y los Ammonitas quienes por siglos han sido enemigos acérrimos del pueblo de Israel.

Durante los meses que siguieron a la destrucción de las ciudades del plan, Abraham y su pequeño grupo viajaron hacia el sur al territorio de Kades en la extremidad sur de Palestina. Aquí otra vez, el patriarca dijo una verdad a medias acerca de su relación con Sara, en este caso con Abimelech, un capitán filisteo. Amonestado por Dios en sueños, Abimelech restauró a Sara a su esposo regañándolo por su parte en el engaño.

3.   El Nacimiento de Isaac *(Génesis 21).*

Al fin se cumplió la promesa y nació Isaac cuando su padre tenía cien años y Sara tenía noventa. El nacimiento de Isaac originó otra demostración de celos entre Sara y Agar resultando en que Agar e Ismael fueron echados del campo nómada.

4.   La Prueba de Abraham *(Génesis 22—23).*

El evento principal en la niñez de Isaac fué la prueba que Dios hizo de la devoción de Abraham. Habiéndosele ordenado que llevara a su hijo hacia el monte Moria y lo ofreciera allí como una ofrenda quemada, Abraham obedeció. Se deduce de Hebreos 11:19, que Abraham esperaba que Dios levantara a Isaac de entre los muertos después de que el sacrificio hubiera sido consumado. Dios permitió que la prueba siguiera adelante hasta que Abraham estuviera listo para matar con el cuchillo a su hijo. Fué entonces cuando Dios detuvo la mano del patriarca habiéndosele enseñado un carnero que estaba cerca atado por los cuernos y que debería ofrecerse en lugar de Isaac. Es significativo el hecho de que las montañas de Moria hayan sido sobre las que Jerusalem se construyó, una de las cuales fué más tarde, testigo mudo de la ofrenda del Hijo unigénito de Dios como sacrificio por el pecado del mundo.

Varios años después Sara murió y Abraham compró la cueva de Macpela como terreno en que había de ponerse la tumba de la familia. Más tarde, Abraham mismo, Isaac y Rebeca, y Jacob y Lea fueron sepultados allí.

5. El Romance de Rebeca *(Génesis 24:1—25:18)*.

Temiendo los resultados de que Isaac casara con una de las mujeres de la tierra, Abraham envió a Eliezer de Damasco, su mayordomo, a que fuera a la Mesopotamia entre los de su familia a buscarse una esposa para Isaac. Llegando al pozo que estaba a la entrada de la ciudad de Nachor, el siervo oró pidiendo la dirección divina. Cuando Rebeca llegó con su cántaro al hombro a sacar agua, Eliezer sintió que su búsqueda había terminado.

Cuando fué invitado a la casa, explicó la razón de su viaje a Bethuel y a Labán, padre y hermano de Rebeca respectivamente. Ellos estuvieron de acuerdo en que la mano de Dios era muy aparente en el asunto y se hicieron los arreglos para que Rebeca acompañara a Eliezer hasta Canaán. El corazón de Isaac fué consolado por la pérdida de su madre, en el amor que sintió hacia su futura esposa. El amor de Isaac y de Rebeca se encuentra entre los idilios más dulces del Antiguo Testamento. Se opaca solamente por un pequeño incidente en la vida de Abraham. Temiendo el celo de los filisteos de Gerar, entre los que vivió por más de un año debido al hambre que se había desatado en el norte, Isaac hizo pasar a Rebeca como su hermana. El engaño fué descubierto muy pronto e Isaac recibió un regaño bien merecido de parte de Abimelech, rey de la tribu (véase Génesis 26:1-16).

6. Jacob y Esaú *(Génesis 25:19—27:46)*.

Isaac y Rebeca solo tuvieron dos hijos gemelos—Esaú y Jacob. Resultará difícil encontrar hermanos más diferentes en temperamento que estos dos. A Esaú se le describe como "diestro en la caza, hombre del campo" (Génesis 25:27). En este mismo versículo se describe a Jacob como "varón quieto que habitaba en tiendas." Isaac favoreció a Esaú, quien por ser el primogénito hubiera venido a ser cabeza de toda la familia. Rebeca, por el otro lado, favorecía a Jacob.

Se nos dan dos incidentes de la juventud de Jacob, que demuestran la relación que había entre los gemelos. En una ocasión, Esaú volvió de cazar, impaciente y con hambre, encontrando que Jacob había preparado ya su comida. El audaz Jacob vió inmediatamente su oportunidad. Regateó con Esaú para darle alimento en retorno de la primogenitura que incluía no solo las ventajas materiales sino los privilegios espirituales como sacerdote y jefe religioso de la familia. Impacientemente, Esaú estuvo de acuerdo. Así que leemos: "Esaú..... por una vianda vendió su primogenitura." El escritor a los Hebreos aplica este incidente a un punto muy importante y sorprendente en la vida cristiana. (Véase Hebreos 12:14-17). Esaú es el tipo de creyentes que desprecian su primogenitura de la santidad cristiana, vendiéndola por alguna ventaja carnal imaginaria.

Un episodio similar ocurrió cuando Isaac, siendo viejo y ciego, sintió que su muerte se acercaba. Deseando poner la bendición de la primogenitura sobre su hijo primogénito, Isaac le pidió a Esaú que cazara y le preparara una comida. Habiendo escuchado todo, Rebeca decidió que Jacob habría de tener la bendición. Preparó el potage y vistió a Jacob con los vestidos de Esaú, cubrió sus manos con pieles para simular así los brazos velludos de éste, e hizo creer al ciego Isaac que él era el primogénito.

El complot tuvo éxito. Jacob recibió la bendición. Cuando Esaú volvió y se dió cuenta de lo que había pasado, se sintió amargamente desilusionado. Se nos revela algo de su naturaleza en su deseo de matar a Jacob cuando Isaac muriera.

7. Jacob en Padan-Aram (*Génesis 28—30*).

Sintiendo la ira amarga que residía en el corazón de Esaú, Rebeca convenció a Isaac para que enviara al gemelo más pequeño a su familia en Padan-aram con el fin de que allí encontrara esposa. Esaú se había casado con las mujeres de la tierra, desilusionando con ello a sus padres. Por tanto, Jacob fué enviado a la Mesopotamia muy al norte y hacia el este para casarse en la familia de Bethuel, padre de Rebeca.

Mientras iba en camino, y al pasar la noche en Bethel—que más tarde habría de ser uno de los centros religiosos de importancia en Canaán—Dios se reveló por primera vez y de una manera personal a Jacob. Jacob vió en su visión una escalera que se extendía desde la tierra hasta el cielo y por la que los ángeles subían y bajaban. Vió también a Dios sentado en su trono. Fué aquí en donde el Señor repitió las promesas del pacto que había dado anteriormente a Abraham y a Isaac. Jacob ungió un altar, juró lealtad completa a Jehová y prometió darle a Dios el diezmo de lo que él tuviera en el futuro.

Siguiendo su camino, Jacob llegó por fin a Harán, que había de ser su hogar por veinte años.

Habiéndose enamorado de su prima Raquel, Jacob estuvo de acuerdo en trabajar para el padre de ella durante siete años como pago de su mano en matrimonio. Cuando terminaron los siete años, Jacob principió a cosechar algo del engaño que había sembrado tan liberalmente al principio. En lugar de haberse casado con Raquel, se encontró que le habían dado a Lea, la hermana mayor. El precio para su segunda esposa fué siete años adicionales de servicio, habiendo pasado después seis años para ganar su capital en rebaños y ovejas.

A Jacob le nacieron once hijos y una hija de parte de sus dos esposas y dos concubinas durante el período que vivió en Padan-aram. Estos hijos, juntamente con Benjamín que nació después del retorno de la familia a Palestina, fueron los fundadores de las doce tribus de Israel.

8.   Retorno a Palestina *(Génesis 31—36).*

Incitado por el celo de los hijos de Labán quienes temían que su primo se asegurara al fin de todas las propiedades de su padre, Jacob decidió volver a su hogar ancestral en Palestina. Sin revelar su propósito, Jacob con su numerosa familia, rebaños y vacas, principió la larga jornada hacia el sur. Cuando Labán descubrió que Jacob se había ido y que alguien se había llevado los ídolos de su casa, reunió un ejército y se dió a la persecución.

Habiendo alcanzado a la caravana de Jacob cerca de las montañas de Galaad, pero amonestado por Dios en el sentido de que tuviera cuidado al tratar con el patriarca, Labán demandó una explicación sobre la huída secreta de Jacob y el robo de que había sido objeto. Jacob protestó su inocencia en el robo y por medio de una estratagema de Raquel, quien había robado los ídolos, Labán nunca los encontró. El tío y el sobrino se reconciliaron y erigieron un monumento que sellara su acuerdo.

Aun cuando se encontraba a una distancia segura de Labán, Jacob temblaba con solo pensar que habría de encontrarse con Esaú. Habiendo enviado donativos delante de él para aplacar la ira de su hermano, y arreglando a sus siervos y a su familia de manera determinada, Jacob quedó esperando en el lado norte del arroyo llamado Jabbock hasta el alba siguiente. Durante la noche, un hombre luchó con Jacob y al apuntar el alba, pronunció sobre él esta bendición: "No se dirá más tu nombre Jacob, sino Israel: porque has peleado con Dios y con los hombres, y has vencido" (Génesis 32:28). Fué así como vino a existencia un gran hombre, y los hijos de Jacob vinieron a ser los hijos de Israel.

Aunque siempre hay peligro en usar incidentes del Antiguo Testamento como pruebas de las enseñanzas del Nuevo Testamento, muchos eruditos devotos han señalado que la experiencia de Jacob en Peniel (así fué como Jacob nombró a este lugar) tiene una analogía sorprendente a la experiencia del cristiano en la entera santificación. Veinte años antes, en Bethel, Jacob se había encontrado con Dios. Pero hubo mucho barro mezclado con oro durante aquellos veinte años. Aquel Peniel, la segunda grande crisis en la vida religiosa de Jacob, obró un cambio profundo en el patriarca tal como puede verse al compararse su vida posterior con la que precedió a esta experiencia notable.

El siguiente día Jacob se encontró con su hermano gemelo. El tiempo había restañado las cicatrices del pleito anterior y los dos se reconciliaron. Al principio, Jacob y su familia asentaron campamento en Sychar, pero cuando hubo una diferencia violenta entre sus hijos y los habitantes de aquella tierra, Dios le mandó al patriarca que saliera hacia el sur con dirección a Bethel. Después de estar allí por un poco de tiempo, la familia continuó su viaje más hacia el sur. Cerca de Bethlehem,

Raquel murió cuando Benjamín su segundo hijo, nació. Siguiendo más al sur, Jacob se unió a su padre Isaac, en Hebrón, donde Abraham e Isaac habían vivido por tanto tiempo. Cuando Isaac murió a la edad avanzada de ciento ochenta años, Esaú y Jacob le enterraron en la cueva de Macpela donde Sara, Abraham y Rebeca habían sido sepultados anteriormente.

Esaú puso su hogar al sur y al este del Mar Muerto, en la región de Seir, donde sus descendientes vinieron a ser los edomitas, posteriores enemigos tradicionales de los Israelitas.

Capítulo Dos

Interludio Egipcio

FUENTES: Génesis 37—Exodo 19.

PERIODO: Desde José hasta la promulgación de la ley, como del año 1725 al 1450 A.C.

Hasta la fecha, los eventos tratados en este capítulo vienen a ser uno de los problemas más difíciles de la cronología del Antiguo Testamento. La Biblia misma solo da pistas muy débiles y la historia secular poco ayuda. Parece probable, sin embargo, que José llegó a Egipto durante el siglo XVII antes de Cristo, la edad de los Hyksos Pharaohs. Los Hyksos (o reyes pastores) han sido generalmente considerados como Semitas que invadieron y conquistaron a Egipto durante las primeras décadas del siglo XVII antes de Cristo. Las fuentes egipcias indican que fueron echados como por el año 1580 A.C., en que se restauró el poder a una línea nativa de faraones.

La Historia de José

(Génesis 37—50)

La vida de José está repleta de interés y de singular encanto. José es uno de los pocos personajes del Antiguo Testamento de los que no se escribe nada malo. No es de sorprender, por tanto, que muchos encuentren en José un tipo de Cristo. Fué especialmente amado de su padre. Odiado y envidiado de sus hermanos. Vendido por una suma de dinero por aquellos en quienes él confiaba. Resistió una tentación terrible. Otros recibieron bendición a causa de su influencia. Desde el principio reveló gran sabiduría. Fué elevado desde su humillación hasta el señorío de todo un reino. Predijo la venida del hambre y del castigo sobre la tierra. Alimentó a las multitudes hambrientas con los caudales del rey. Manifestó un espíritu hermoso de perdón hacia los que le habían causado mal.

Consideremos más de cerca los cuatro períodos principales en la vida de José.

1. El Soñador *(Génesis 37:1-20).*

Habiendo nacido en Harán al fin del siglo XVIII antes de Cristo, José era el hijo mayor de Raquel, la esposa favorita de Jacob. Aunque en ese tiempo la poligamia no había sido prohibida de manera expresa, sus resultados malignos se manifestaron en el favoritismo de Jacob por los hijos de su más amada esposa, y el celo consecuente de parte de los otros hijos. José reveló desde el principio una naturaleza espiritual y muy sensible. Dos sueños extraños que parecían revelar la autoridad que él había de tener sobre sus hermanos y aún sobre sus padres, demostraron que la mano de Dios era sobre él. El odio de sus malos hermanos se profundizó con el transcurso del tiempo y finalmente, cuando tuvieron oportunidad, decidieron deshacerse del muchacho para acabar con los sueños de éste.

2. El Traicionado *(Génesis 37:21-36; 39:1—40:23).*

José había sido enviado por su padre a ejecutar cierto trabajo y debido a ello siguió a sus hermanos a una distancia muy lejos de la casa. Cuando le vieron venir, decidieron matarlo. Rubén, el más viejo, conmovido quizá por un sentido profundo hacia lo recto, persuadió al resto a que echaran a José en una cisterna seca pensando que después podría venir y rescatarlo. Cuando Rubén se ausentó, los otros hermanos vieron pasar una caravana de mercaderes, y motivados por la sugestión impulsiva de Judá, vendieron a José como esclavo. Para cubrir su crimen, los hijos de Jacob tomaron los vestidos de muchos colores de José, los ensangrentaron, y se los llevaron a su padre. La tristeza de Jacob ofrecía un cuadro lastimoso y nada se podía hacer para consolarlo por la supuesta muerte de su hijo.

Entre tanto, los traficantes de esclavos llevaron a José a Egipto en donde lo vendieron a Potiphar, capitán de la guardia de Faraón. El joven hebreo fué ascendido rápidamente puesto que todo lo que él hacía prosperaba bajo la mano de Dios. Pero con la promoción vino el amor ilícito de la esposa disoluta de Potiphar, quien intentó seducir al joven. Cuando fracasó en su intento, recurrió a una estratagema y a la mentira para vengarse del que la había rechazado en su capricho. Potiphar evidentemente conocía el carácter de su esposa puesto que una acusación que bajo circunstancias ordinarias, hubiera resultado en la muerte instantánea del joven esclavo, se castigó con solo mandarlo a la prisión que estaba probablemente bajo la dirección de Potiphar. Otra vez y en este caso, la capacidad de José resultó en la promoción y en una posición de confianza. Una vez más la bendición de Dios se manifestó en todo lo que él hacía.

Sucedió que dos de los altos oficiales de Faraón, el copero y el jefe de los panaderos, cayeron del favor de su amo y fueron puestos en la misma prisión en que José estaba. Los dos tuvieron unos sueños muy extraños. José, con una modestia característica de dar la gloria a Dios, interpretó sus sueños; y las profecías, resultado de la interpretación, se cumplieron dentro de los tres días siguientes. El copero fué restaurado a su anterior posición en tanto que el principal de los panaderos fué muerto.

3. El Gobernante *(Génesis 41—48)*.

A pesar de la petición de José de que fuera recordado por el copero una vez que su sueño se hubiera cumplido, éste último olvidó al joven esclavo y José permaneció en la prisión por dos años más. Al fin de este tiempo, Faraón tuvo dos sueños extraños que ninguno de los de su corte pudo interpretar. El copero, sin embargo, recordó su experiencia y la interpretación exacta de José; y cuando se lo dijo a Faraón, José fué llamado al instante.

Los dos sueños de Faraón tenían el mismo significado. Siete años de abundancia sin precedente habrían de ser seguidos por otros siete de hambre. El consejo de José fué prudente y adecuado: que se señale a un administrador de alimentos para que compre y guarde lo sobrante de los siete años de abundancia y controle la distribución de este alimento cuando venga el hambre.

Reconociendo la sabiduría del consejo de este joven esclavo y siendo altamente impresionado por su habilidad manifiesta, Faraón designó inmediatamente a José para este oficio, invistiéndolo de autoridad suprema y de rango de sacerdote. Así que después de trece años de humillación y de dureza, José llegó a ser segundo en autoridad al Faraón de una de las naciones más grandes de su edad. (Véase Génesis 37:2 y 41:46). Asenath, hija del sacerdote de On, fué su esposa y antes de que viniera el hambre, nacieron a la joven pareja dos muchachos, Manasés y Ephraim.

Los recientes descubrimientos arqueológicos en Egipto confirman muchas de las referencias a las costumbres locales señaladas en el relato del Génesis. El soltar a los prisioneros en el cumpleaños del rey; la práctica de rasurarse, particularmente por los sacerdotes; las ceremonias en la investidura de un alto oficial de la corte; el gran significado que se les daba a los sueños; la separación de los nacionales egipcios de todo lo que es extranjero; todas estas cosas son probadas por los relatos de la vida egipcia nativa que han sido posteriormente descubiertos. Hay por ahí un cuento egipcio acerca de la tentación de un joven por la esposa de su hermano mayor y la consecuente mentira para vengarse.

Cuando llegó el hambre a las naciones del Mediterráneo oriental, las gentes buscaron alimento desesperadamente en los graneros de Egipto. José, al principio, vendió alimento a los nativos de Egipto hasta que ellos no tenían más dinero con qué comprar. Después aceptó los títulos de propiedad de sus tierras hasta que todo el país quedó en posesión de Faraón y los sacerdotes—un hecho bien confirmado por los relatos de descubrimientos seculares.

Palestina, tantas veces acosada por la sequía y el hambre, resultó afectada una vez más. Al fin, Jacob decidió mandar a sus diez hijos mayores a Egipto a que compraran grano. Benjamín fué el único hijo que quedó en casa. Cuando José reconoció a sus hermanos, aun cuando ellos no lo reconocieron, los acusó al principio de ser espías. Después de detenerlos por tres días y de notar el recuerdo y el remordimiento de conciencia que ellos tenían por el mal que le habían hecho años atrás, al fin les dejó volver a su padre quedándose él con Simeón como prenda hasta que le trajeran a Benjamín, quien por supuesto, era hermano carnal de José.

Acosados por la necesidad, Jacob consintió finalmente a este segundo viaje a Egipto en el que Benjamín habría de ir. En esta ocasión, José ordenó una gran fiesta para los once hijos de Israel, pero su deseo de tener una amistad renovada con su hermano más joven era algo que ni él mismo podía resistir. No obstante, los siguió probando, haciendo que se pusiera una copa de plata en el saco de grano que habría de llevar la bestia de Benjamín.

Los eventos subsecuentes probaron que el tiempo ya había castigado demasiado a los hijos arrogantes de Jacob. Todos a una pidieron la libertad de su hermano menor, poniéndose de rodillas ante José. Judá particularmente, se ofreció a sí mismo como esclavo con tal que se le permitiera a Benjamín volver a su padre.

Con esto, José no pudo resistir más. Sobrecogido de una emoción profunda, se dió a conocer a sus temerosos y sorprendidos hermanos asegurándoles que la mano de Dios había estado en todo y que el mal que ellos habían intentado sobre él se había tornado en bien. Los envió hacia Jacob con una grande caravana de carros y burros, encargándoles que trajeran al patriarca y a toda su casa a Egipto hasta que terminara el hambre.

José mandó a su padre y a su familia a Gosén, en la parte oriental de aquella región fértil del norte de Egipto. Cuando se presentaron delante de Faraón, se les instruyó a que pidieran aquella fértil porción de la tierra como lugar para su habitación, por cuanto era tierra adecuada para criar animales y allí habría menos oportunidad de prejuicio religioso entre los egipcios.

4. El Profeta *(Génesis 49—50)*.

Jacob, que ya para entonces tenía ciento treinta años, vivió diez y siete años más en Egipto. Antes de su muerte reunió a sus doce hijos alrededor suyo y profetizó algo acerca del futuro de ellos. Particularmente digna de notar fué la profecía en relación con Judá acerca de quien el patriarca dijo, "No será quitado el cetro de Judá, y el legislador de entre sus pies, hasta que venga Shiloh; y a él se congregarán los pueblos" (Génesis 49:10). La última petición de Jacob fué que lo enterraran en la cueva de Macpela cerca de Hebrón, donde se habían sepultado a sus ancestros. Este requisito fué cumplido por José al pie de la letra y con ceremonias apropiadas.

José vivió como cincuenta y tres años después de que su padre fué sepultado, hasta ver a los hijos de Efraim en su tercera generación. Su profecía al tiempo de su muerte tenía que ver con el retorno de los Israelitas a la tierra que Dios había prometido a sus padres, y su última petición fué que sus restos se llevaran juntamente con los hebreos. Este deseo fué cumplido, y los restos de José fueron enterrados en Sichem, en el corazón de Palestina.

El Nacimiento y Educación Temprana de Moisés

(Exodo 1—4)

Hubo grandes cambios entre los años que se sucedieron durante los eventos descritos en los capítulos finales de Génesis y los que se mencionan en el primer capítulo de Exodo. Los descendientes de Jacob crecieron rápidamente hasta ser un pueblo numeroso. Es posible que el Faraón del primer capítulo de Exodo haya sido Ahmosi, o Amasis, otro nombre con el que se conoce el primer gobernante nativo que ocupó el trono de Faraón después de la expulsión de los Hyksos, o reyes pastores. Si es así, la amargura y el odio que sintió hacia los hebreos resulta fácil de comprender pues representaban familiares aunque sea lejanos de la raza que había oprimido a Egipto con un gobierno extranjero por doscientos años. La presencia de tan grande compañía de extranjeros en la tierra representaba para los egipcios una verdadera amenaza a su seguridad nacional.

Se pusieron en práctica varios métodos vigorosos de opresión. Los hebreos fueron hechos esclavos, forzados a trabajar sin salario en la construcción de las ciudades fortificadas de Pitón y Rameses. Los hijos hombres nacidos en las casas de los hebreos fueron echados al río Nilo por orden del rey y solamente se dejaba que vivieran las niñas. Pero a pesar de todas las medidas de opresión, la nación continuó creciendo.

1. Hijo de la Hija de Faraón *(Exodo 2:1-15)*.

Durante este tiempo nació uno de los hombres más grandiosos de todos los tiempos. Amran y Jocabed, ambos de la tribu de Leví, habían tenido dos niños antes de que se promulgara el mandato de destruir a todos los hijos varones—María, una hija, y Aarón, un hijo. Su tercer niño fué varón, nacido durante el punto culminante de la furia egipcia. Sin poder resignarse a la muerte de su hijo, Jocabed lo escondió como pudo en su hogar y después arregló una especie de barquilla hecha de madera y brea esperando de esta manera salvarle la vida.

Por una providencia hermosa, la hija de Faraón descubrió la barquilla y conmovida a piedad al ver a este niño, decidió conservarle la vida. La rápida sugestión de María que apenas tenía doce años y quien estaba cerca guardando al niño, hizo que la madre del niño fuera contratada por la hija de Faraón para cuidarlo. Cuando fué destetado, y traído al palacio ante la hija de Faraón, se le puso por nombre Moisés, y la princesa que le había salvado la vida decidió adoptarlo y hacerlo su heredero.

El relato poco dice respecto a los detalles de los treinta y ocho años que Moisés pasó en su preparación como "el hijo de la hija de Faraón," como no sea el hecho de que fué instruido en toda la sabiduría de los egipcios (Actos 7:22). En aquel tiempo Egipto iba a la vanguardia de la civilización. En ningún otro lugar hubiera sido posible que el futuro estadista recibiera la preparación adecuada en el arte de la diplomacia, que en el palacio del Faraón de Egipto. Resulta claro que Moisés, si no el heredero aparente del trono mismo, al menos habría de ser destinado a una posición de grande importancia en el estado egipcio.

Pero con todas las ventajas de la corte, Moisés no olvidó a su pueblo. Sin duda que en su corazón ya sentía el lugar prominente de dirección que entre los hebreos habría de asumir. Cuando tenía como cuarenta años hizo un viaje a Gosén para cerciorarse de la condición de su pueblo. Fué conmovido inmediatamente por la degradación a la que eran sujetos. Se dió cuenta de la brutalidad de un egipcio hacia un desvalido esclavo de Abraham, y no teniendo otra disyuntiva, mató al egipcio y lo enterró en la arena.

Parece que este no era el momento propicio para asumir la dirección. Moisés y su pueblo así lo sintieron. El siguiente día, cuando Moisés trató de mediar en una disputa entre dos israelitas, uno de ellos vengativamente le dijo: "¿Quién te ha puesto a tí por príncipe y juez sobre nosotros? ¿Piensas matarme como mataste al egipcio?" (Exodo 2:14).

2. Huída a Madián *(Exodo 2:15-25)*.

Cuando Faraón recibió noticia del incidente, prometió matar a Moisés quien inmediatamente huyó a la tierra de Madián al otro lado del Mar Bermejo. Notamos en Actos 7:30, que Moisés permaneció en Madián por un período de cuarenta años. Durante este tiempo casó con la hija de Rehuel o Jetro, príncipe o sacerdote del país y fué padre de dos hijos, Gerson y Eliezer. Así como los primeros cuarenta años que había pasado en Egipto habían sido tiempo de preparación para la dirección política, los cuarenta años en Madián le dieron a Moisés una educación inestimable para la dirección moral y religiosa de la nación. Los grandes líderes no se hacen por cursos breves o métodos condensados.

El Nacimiento de una Nación
(Exodo 3—19)

1. El Llamamiento de Moisés *(Exodo 3—4)*.

La vida tranquila de Moisés como pastor terminó de manera abrupta. Estando cerca del lado oriental del Monte Sinaí con su rebaño de ovejas, Moisés se sorprendió grandemente al ver un espectáculo extraño y maravilloso. Una zarza ardía con grandes flamas, pero no se consumía. Al acercarse para investigar, Moisés oyó la voz de Dios que le dijo que se quitara los zapatos de sus pies a fin de que no profanara el suelo santo que pisaba.

Dios le mandó a Moisés que volviera a Egipto. Le dijo que a través de su dirección y ayuda el pueblo de Israel sería librado de su esclavitud. Quizás teniendo en mente el fracaso que había sufrido en su intento prematuro de cuarenta años antes, o tal vez amargado por sus largos años de soledad en el desierto, cosa que le había dado una valorización más sobria de su propia capacidad, Moisés objetó con todas sus fuerzas. Dijo que los Israelitas no le conocían. Dijo que no sabía cómo decirles quién lo había mandado. Temía que la gente no creyera que Dios realmente le había aparecido autorizando así su dirección. Finalmente, dijo que era lento para hablar y que sería mejor que Dios enviara a otro.

Dios contestó adecuadamente a cada una de estas objeciones hasta el grado de asegurarle a Moisés que mandaría a Aarón con él para que se presentaran los dos ante Faraón y diera allí evidencia de su facultad sobrenatural por medio de la mano leprosa y la vara hecha serpiente cuando cayera en el suelo. Mientras tanto, Aarón había recibido direcciones en el sentido de que fuera a Madián a encontrarse con Moisés, y los dos hermanos se reunieron en el monte Sinaí revisando desde luego las direcciones que Dios les había dado.

2. Las Plagas *(Exodo 5—10)*

Cuarenta años no solamente habían cambiado a Moisés; las continuas dificultades también habían cambiado a los israelitas. Cuando los jefes de familia fueron convocados por Moisés y Aarón inmediatamente que éstos llegaron a Gosén, y, cuando el mensaje de Dios y las señales que le acompañaban fueron vistos por el pueblo, adoraron a Dios con grande alabanza porque finalmente se había dignado visitarlos.

Faraón, sin embargo, no habría de convencerse fácilmente. Por cuanto no quería perder el trabajo de esclavos que los israelitas le proveían, rehusó dejar el pueblo y ordenó a los mayordomos de los esclavos que les requirieran más labor a fin de que no tuvieran tiempo de hacer complots en favor de su libertad.

La actitud de Faraón provocó una serie de diez castigos conocidos como plagas. Aun cuando la mayor parte de estas aflicciones involucraban el uso de medios naturales, fueron visitaciones divinas y su severidad aumentaba a medida que las plagas se iban dando. Se ha señalado que las varias aflicciones producidas sobre los egipcios estaban conectadas con varias fases de su religión idólatra. Así que los objetos mismos de su adoración pagana, por ejemplo: el Nilo, el ganado, y los escarabajos llegaron a ser motivo de aflicción para el pueblo.

Algunos se han sorperndido del éxito aparente de los adivinos egipcios en imitar los milagros de Moisés y Aarón. Sin embargo, no hay que olvidar que estos adivinos tuvieron éxito en sus imitaciones solamente cuando sabían de antemano lo que había de suceder. Cuando vino la plaga de piojos sin aviso previo, los magos no pudieron duplicar el milagro y tuvieron que confesar, "Este es el dedo de Dios." Los trucos de mano y de magia son artes muy antiguas, pero siempre llegan a un lugar en que lo espúreo se vuelve evidente.

Cuando Faraón se dió cuenta de la desolación continua que se desataba sobre su país por causa de estos juicios divinos, trató de cohechar a Moisés y a Aarón con toda clase de compromisos y convenios. Ofreció al principio que los israelitas hicieran sus sacrificios en la tierra de Gosén. Cuando este compromiso fué rechazado, les ofreció dejar que el pueblo fuera y sacrificara en el desierto siempre y cuando no salieran muy lejos. No teniendo resultado tampoco en esto, propuso que los hombres fueran, pero que las mujeres y los niños quedaran

—sabiendo muy bien que los hombres de Israel no quedarían por mucho tiempo lejos de sus familias. El último ofrecimiento de convenio fué que todos salieran, pero que su ganado y toda clase de propiedades quedaran en Egipto. La respuesta única de Moisés a este proposición fué, "No quedará ni una uña."

3. La Pascua *(Exodo 11—13)*.

El fin no se había dejado esperar. Ya habían pasado nueve plagas, y Faraón seguía invencible. La décima plaga había de ser la peor de todas. Al pueblo de Israel se le instruyó que pidiera oro y joyas de los egipcios, un pago muy pequeño por los años de trabajo a que habían sido sujetos. Después se pidió que cada familia matara un cordero de un año, perfecto en todo sentido. La sangre del cordero habría de ponerse sobre los postes y el dintel de todas las puertas y la carne había de ser puesta en el horno y comida durante la noche con pan sin levadura y hierbas amargas. Dios les advirtió que durante la noche se llevaría a cabo la última plaga. El hijo primogénito de toda familia a través de todo el país había de morir. Solo cuando el ángel del castigo encontrara la sangre en el lugar adecuado de las puertas, habría de pasar sin entrar a herir al primogénito de aquella familia.

Lo que se hizo en aquella noche de esclavitud egipcia habría de ser desde entonces una fiesta anual entre el pueblo de Israel. Este fué el principio de la fiesta de la pascua, la más grande de todas las observancias anuales religiosas de los judíos. En la víspera de la pascua unos mil quinientos años después, el Cordero de Dios fué crucificado para traer vida eterna no al primogénito de una familia sino a todo descendiente de la raza de Adán sin tomar en cuenta el color de su cutis o el lugar de su habitación. La pascua a través del Antiguo Testamento tuvo un significado doble: señalaba hacia el pasado recordando al pueblo la libertad que habían recibido de la esclavitud egipcia, y señalaba hacia el futuro al Cordero de Dios que quitaría los pecados del mundo.

Cuando Faraón se dió cuenta de la plaga de muerte que había cundido por todo Egipto, temió en gran manera. Sin esperar hasta que llegara el alba, mandó que trajeran a Moisés y a Aarón y les ordenó salir de la tierra juntamente con todo su pueblo. Esto era precisamente lo que los israelitas habían esperado por tanto tiempo; y no tan pronto se dió la orden de salir cuando toda la comitiva principió su viaje.

Gosén, la porción de Egipto donde vivieron los hebreos, estaba en la región noreste y la ruta más directa hacia Palestina llevaba hacia el este y después al norte rodeando el mar Mediterráneo. Dios le advirtió a Moisés que no siguiera esta ruta puesto que en el suroeste de Palestina, por donde tendrían que pasar, se encontrarían con tribus palestinas sanguinarias y guerreras. Guiados por el hermoso símbolo de la presencia de Dios que les aparecía en forma de nube durante el día y en una columna de fuego por la noche, el pueblo salió rumbo al sureste.

4. El Mar Rojo *(Exodo 14)*.

El viaje de Rameses hasta el Mar Muerto se hizo en tres jornadas fáciles. La primera jornada se hizo hasta Succoth, o Pithom, donde sin duda vivían otros hebreos, pues Pithom era una de las dos ciudades principales construidas con la labor de los esclavos israelitas. La segunda jornada fué en Etham, al borde de lo que se conocía con el nombre del desierto de Shur, no muy distante del Golfo de Suez y el Mar Bermejo. Siguiendo de Etham en dirección siempre hacia el sureste, los israelitas tendieron su campo la tercera vez a orillas del Mar Rojo.

Fué aquí donde el pueblo de Israel se encontró en mortal peligro. Faraón, completamente restablecido del desaliento al que le llevó la muerte de los primogénitos de su país, y todavía con el deseo de no perder a los trabajadores esclavos, organizó un ejército de persecución. Al este, o sea frente al vasto campamento, se encontraban las aguas del Suez. Hacia el sur por un lado se encontraban las amenazantes montañas y el desierto. Hacia el norte, en el otro lado, estaba el camino que llevaba directamente a la tierra de los filisteos sedientos de sangre. Por la retaguardia se encontraban los carros, la caballería, y la infantería del ejército de Faraón.

La gente se quejó amargamente ante Moisés. Sin embargo,

este líder les dió toda clase de seguridad, en el sentido de que habrían de ver la salvación del Señor. Esto salió cierto, deveras, pues cuando Moisés extendió su vara sobre las aguas frente al campamento, Dios mandó un viento fuerte que dividió las aguas durante la noche y permitió que los hebreos pasaran en seco. La mañana siguiente, al mirar hacia atrás, la gente vió a los egipcios todavía persiguiéndolos. Pero esto no duró mucho, pues cuando Moisés extendió otra vez su vara, las aguas del mar siguieron su curso natural y los hostiles perseguidores murieron ahogados.

5. La Marcha al Sinaí *(Exodo 15—18)*.

El regocijo triunfante de los israelitas pronto terminó al enfrentarse con otra dificultad. Por tres días la multitud caminó hacia el sur a lo largo de la playa oriental del golfo de Suez sin encontrar suficiente agua para beber. Finalmente llegaron a un grupo de manantiales y pozos que parecían tener suficiente agua: solo que el agua era amarga y por supuesto no podía beberse. En este caso, Moisés, por mandato de Dios, echó un arbusto en el agua amarga siendo esto suficiente para que el agua pudiera beberse.

Más adelante, el grupo llegó hasta Elim, donde encontraron un oasis con doce pozos y un gran número de palmeras. Después de quedarse allí por un poco de tiempo continuaron al sur y después al este hasta llegar al rudo y montañoso desierto de Sin. Un nuevo peligro les amenazaba—en esta ocasión el hambre. Con el alimento casi exhausto, y sin que Dios les hubiera dado para este tiempo una indicación sobre la manera de cómo habría de alimentar a tan vasta compañía especialmente en un desierto tan rudo y tan montañoso a la vez que despoblado como no fuera por uno que otro pastor nómada, el pueblo tuvo miedo.

Una vez más se quejaron ante Moisés. En esa ocasión Jehová mandó alimento de una manera maravillosa. Muy de mañana, tan pronto como el rocío desaparecía del suelo, se encontraron con que éste estaba cubierto de una especie de semilla pequeña redonda de color crema. Cuando los israelitas vieron esto se preguntaron los unos a los otros, ¿*Manhu?* que quiere decir, "¿Qué es esto?" Moisés respondió, "es el pan que Dios os da para comer." Pero el nombre que expresa la primera sorpresa del pueblo *manná*, fué el nombre con que conocieron este alimento que el pueblo de Israel recibió por los cuarenta años de su viaje. Dios había obrado un nuevo milagro para alimentar a su pueblo.

El deseo de carne se satisfizo en esta ocasión por medio de codornices. Estas pequeñas aves de la familia de la perdiz, son migratorias en aquella región del país principalmente en la primavera de cada año. Vuelan rápidamente cuando los vientos son favorables, pero un simple cambio de dirección del viento, en muchas ocasiones fuerza a grandes números de codornices a caer en el suelo exhaustas, ocasión que aprovechan los nativos para hacerse de alimento en grandes cantidades.

Pasando a través del desierto de Sin, los israelitas llegaron a Rephidim, en una especie de vado que se extendía hacia el monte Sinaí u Horeb. En esta ocasión, la falta de agua puso en peligro el campamento y por orden divina Moisés fué a Horeb, donde hirió a la roca de donde brotó un gran chorro de agua pura que sirvió no solo para suplir al campo de Rephidim, sino para suplir todo el campamento al pie del Monte Sinaí.

En Rephidim, los amalecitas traidores los atacaron por la retaguardia. Un joven capitán llamado Josué, fué designado para dirigir a los soldados en la defensa, y Moisés, juntamente con su hermano Aarón, y Hur, uno de los ancianos de los de la tribu de Judá, fueron hacia un cerro para darse cuenta del progreso de la batalla. Mientras Moisés alzaba su vara por sobre los ejércitos batalladores, los israelitas prevalecían. Cuando Moisés se cansaba y bajaba sus brazos, los amalecitas prevalecían. Con la ayuda de Aarón y de Hur quienes sostuvieron los brazos de Moisés en alto, Josué pudo al fin vencer a los guerreros de Amalec. Esta batalla había de ser solamente la primera en otras tantas que se señalan muy bien en la historia de los israelitas.

Durante su estancia en Rephidim, Jetro, el suegro de Moisés, vino a visitar el campamento trayendo consigo a la esposa de Moisés y a sus dos hijos quienes habían sido enviados a su tierra cuando la misión peligrosa a Egipto se estaba llevando a cabo. Observando las grandes responsabilidades que tenía su yerno, Jetro sabiamente aconsejó a Moisés a que señalara hombres capaces como subordinados a fin de que se encargaran de los asuntos pequeños de administración y de gobierno. Fué así como principió el proceso largo de organizar a un pueblo grande, dividido por distinciones de grupo y diferencias personales, en una nación unida y capaz de invadir y tomar posesión, bajo la dirección y el cuidado de Dios, de un pueblo celosamente vigilado por tribus poderosas.

Capítulo Tres

Experiencias en el Desierto

FUENTES: Exodo 20 a Deuteronomio 34.

PERIODO: Desde la promulgación de la ley hasta la muerte de Moisés, como cuarenta años, en el siglo quince A.C.

Aunque de poca duración, este fué probablemente el período más importante en la historia del pueblo israelita con excepción del período de la vida y el ministerio de Cristo. A este período se deben muchas de las características más distinguidas del judaísmo. Estos cuarenta años fueron testigos de la unión de una gran multitud de ex-esclavos hasta formar un solo pueblo en lo que se refiere a adoración y cultura.

El Campamento en Sinaí

(Exodo 20—Levítico 27)

El campamento estuvo como once meses en el plan frente al monte Sinaí en la cordillera montañosa al sur del desierto de Parán. Después de tres días de preparación, Dios dió testimonio de su presencia en la montaña con grandes señales dispensacionales: la voz del trueno, el relámpago, el terremoto y el estremecimiento de la montaña. Se le prohibió solemnemente al pueblo que se acercara al monte más allá de cierto límite y a Moisés se le ordenó que subiera a la cumbre para recibir la ley.

1. El Libro del Pacto *(Exodo 20—24).*

La primera parte de la ley divina se dió en lo que se conocía como el Libro del Pacto (Exodo 24:7). Contenía primero el Decálogo o los Diez Mandamientos, los principios fundamentales de toda moralidad y verdadera religión. Se prohibían en este decálogo la adoración a otros dioses, la hechura de ídolos, y el profanar el nombre divino. Fué aquí donde se estableció la ley del sábado, la dignidad de los padres, lo sagrado de la vida humana y la santidad de la familia. El robo, la mentira y la codicia fueron condenados como violaciones de la ley fundamental de moralidad.

En adición al Decálogo, el Libro del Pacto presentaba los principios básicos morales de la ley. Se pusieron restricciones sobre la clase y duración de la esclavitud a la que los esclavos hebreos habrían de sujetarse. Se dieron reglas para prevenir toda crueldad e injusticia entre los hombres y para salvaguardar la reverencia que el pueblo le debía a Dios. Digno de notar resulta que este código de leyes hebreas respeta y garantiza los derechos aún de los menos privilegiados y menesterosos.

Los arqueólogos han traducido un código babilonio de leyes de un bloque de diorita negra como de ocho pies de alto, que data del tiempo de Hammurabi, como mil ochocientos años antes de Cristo. Hay un número de semejanzas sorprendentes entre el Código de Hammurabi y el Libro del Pacto, que proporcionan un paralelo interesante con la ley judía.

2. El Tabernáculo y su Servicio *(Exodo 25—31)*.

El pacto, inaugurado con ceremonias solemnes y sacrificios, fué presentado al pueblo quien prometió inmediatamente observar y hacer todo lo que Dios había mandado. Poco después de esto, se llamó solo a Moisés a que subiera a la cumbre del monte Sinaí donde permaneció por cuarenta días y cuarenta noches. Durante este tiempo, Dios le reveló los planes que tenía para el tabernáculo, que había de ser la evidencia visible de la presencia de Jehová entre su pueblo.

El Tabernáculo era de estructura movible, rodeado de un atrio rectangular como de ciento cincuenta pies (cien codos) de largo y setenta y cinco pies (cincuenta codos) de ancho. El atrio estaba formado de cortinas de lino puro colgadas de columnas ricamente adornadas con plata y que se encontraban a siete pies y medio (cinco codos) de distancia entre sí por tres lados con excepción del lado oriental donde estaba la puerta. Había en este atrio un altar de ofrenda quemada y una especie de fuente donde podrían lavarse los sacrificios, entre la entrada y el Tabernáculo propiamente.

El Tabernáculo mismo habría de ser hecho de tablas cubiertas de oro y de tal manera arregladas que cuando se pusieran lado a lado embonaran bien a fin de dar el aspecto de una pared sólida por dentro y por fuera. El Tabernáculo era como de cuarenta y cinco pies de largo (treinta codos), y quince pies de ancho (diez codos), y su altura era como de quince pies. El techo estaba compuesto de cortinas de lino, de pelo de carnero y pieles de carnero bien tejidos.

Había un hermoso velo tejido que separaba la tercera parte occidental del tabernáculo del resto de la estructura, formando el Lugar Santísimo. El Lugar Santísimo formaba así un cubo perfecto de quince pies (diez codos) en cada dimensión, y no tenía más que el Arca del Pacto, un altar construido en forma de caja como de dos y medio codos de largo y uno y medio codos de ancho y de alto, construido de madera de acacia y forrado de oro por dentro y por fuera. La cubierta del baúl era de oro sólido y se conocía también como el asiento de la misericordia, y sobre este asiento—con sus alas extendidas como para cubrirlo— estaban dos querubines, simbolizando la presencia y la majestad de Dios. Se proveyeron anillos a los lados del arca por los cuales se habrían de pasar postes pequeños, cuando el Tabernáculo fuera transportado de un lugar a otro. Solo se le permitía al sumo sacerdote entrar al Lugar Santísimo y esto una vez al año con la sangre del sacrificio de la expiación.

La porción externa del tabernáculo, una área como de treinta pies de largo y quince pies de ancho, era el Lugar Santo. Aquí se encontraba la mesa del pan, un candelero de oro y un altar de incienso. Era aquí donde los sacerdotes ministraban diariamente, reponiendo el pan con piezas frescas y quemando incienso en la mañana.

Aunque el Tabernáculo mismo fué substituido después por el templo que Salomón construyó, su plan por lo que se refiere a espacio y arreglo vino a ser la base de la estructura más permanente y por ello mismo jugó un papel esencial en la adoración judía. El escritor del libro de los Hebreos en el Nuevo Testamento indica que las provisiones ceremoniales de la ley se consideraban como tipo y lecciones objetivas que revelaban la naturaleza del sacerdocio de Cristo y del sacrificio expiatorio.

3. La Idolatría del Pueblo *(Exodo 32—34)*.

La ausencia continua de Moisés del campamento tuvo resultados desafortunados en el pueblo. Volviéndose impacientes, los representantes del pueblo vinieron a Aarón demandándole que hiciera ídolos e instituyera alguna forma de adoración religiosa organizada. Aarón accedió débilmente a su demanda e hizo el ídolo del becerro, con adornos de oro que ellos le trajeron. Es posible que Aarón haya pensado que el becerro era sólo un símbolo, puesto que propuso que el día siguiente se celebrara fiesta al Señor. Pero los israelitas proclamaron, "Estos son tus dioses, que te sacaron de la tierra de Egipto" (Exodo 32:4).

Cuando Moisés regresó, descubrió con horror la idolatría que había principiado en el pueblo. Tirando las tablas de la ley en el suelo, las quebró en simbolismo vívido de que la Ley de Dios había sido violada. Tomó el becerro, lo quemó, lo molió hasta hacerlo polvo, e hizo que el polvo se echara en el agua que el pueblo había de beber. Con una orden rápida a los levitas, quienes aparentemente no habían participado en la orgía libertina, Moisés ordenó la destrucción de los ofensores más flagrantes.

Volviendo muy cansado hacia el monte Sinaí, el gran líder pidió al Señor que le concediera la vida de su pueblo. Le recordó a Dios el pacto y las promesas que había hecho con Abraham. Pasaron después cuarenta días y cuarenta noches, durante los cuales Dios renovó las tablas de piedra que Moisés había roto y le dió seguridad adicional de su misericordia y longanimidad. Fué aquí cuando a Moisés se le concedió ver una porción de la gloria de Dios y su rostro brilló con una irradiación tal que cuando volvió al campo la gente tenía miedo de acercársele hasta que él se puso un velo sobre su rostro.

4. Los Ultimos Días en el Sinaí *(Exodo 34—Levítico 27).*

Después del retorno de Moisés de su segunda visita al monte de Dios, se llevó a cabo la obra de construcción del Tabernáculo siendo dedicado con una ceremonia hermosa e impresionante, ordenándose también el sacerdocio. La tribu de Leví fué escogida como la tribu sacerdotal para llevar adelante los servicios prescritos para el Tabernáculo.

En vista de que el primogénito de cada familia había sido librado de morir en la pascua de Egipto, se consideraba como propiedad peculiar de Dios. Pero en lugar de tomar al primogénito de cada tribu, la tribu de Leví fué escogida para llenar estas obligaciones. Aarón y sus hijos fueron ordenados como sacerdotes, y Aarón fué consagrado como sumo sacerdote. Sus descendientes desde entonces, han ejercido el oficio sacerdotal.

En conección con el establecimiento del sacerdocio y la consagración de los levitas al servicio del Tabernáculo, se establecieron también las leyes de las ofrendas (Levítico 1—7). Se autorizaron muchas clases de ofrendas, pero deben notarse tres tipos principales: la ofrenda bebida u oblación; la ofrenda de comida (carne); y el sacrificio de animales. De esta última había tres tipos principales, la ofrenda quemada que expresaba la dedicación que el ofrendante hacía de sí mismo a Jehová; la ofrenda por el pecado, cuyo propósito era la expiación del pecado previamente confesado delante de Dios; y la ofrenda de paz, hecha como expresión de acción de gracias por los favores inmerecidos e inesperados.

Se hicieron provisiones extensas para el limpiamiento ceremonial de personas u objetos que habían sido inmundos en cualquier forma (Levítico 11—15). Se prescribieron tres grandes fiestas anuales en cuya ocasión todo hombre físicamente apto tenía que acudir en persona al santuario de Jehová (Levítico 23). Estas fiestas eran la Pascua, la Fiesta de las Primicias (más tarde conocida con el nombre de Pentecostés), y la Fiesta de los Tabernáculos o sea la reunión de las cosechas cada año. El séptimo año se estableció como año sabático, y el año siguiente al séptimo año sabático se conocía como el año de Jubileo en cuya ocasión todos los que habían sido esclavos por causa de deudas eran libertados, y todas las propiedades que habían pasado a ser propiedades de la tribu, eran restauradas (Levítico 25). Se instituyó también la ley del diezmo, para proveer el sostenimiento de los levitas y de los sacerdotes y para la observancia continua de las porciones requeridas de la ley ceremonial.

Los requisitos del libro de Levítico son considerados propiamente las lecciones objetivas perpetuas de Dios por lo que respecta a la santidad, dadas al pueblo durante un período de su desarrollo espiritual cuando podían aprender mejor a través de conceptos abstractos de rectitud y de pureza presentados de manera objetiva en hermosas ceremonias y en simbolismos. El aborrecimiento completo con que Dios trata el pecado y la inmundicia, la verdad sublime de que sin derramamiento de sangre no puede haber remisión de pecados, y la necesidad absoluta de una santidad perfecta de parte de los que adoran a Jehová, se presentan en este caso de una manera admirable.

La paz de los últimos meses del año en el Sinaí se interrumpió por otro incidente que reveló la majestad y la santidad de Dios. Nadab, el hijo primogénito de Aarón, quien con su hermano Abiú había sido honrado con el permiso de acercarse a los límites sagrados del monte de Dios y quien había sido designado para el sacerdocio, ofrecieron fuego extraño ante el santuario de Dios. El juicio instantáneo cayó sobre ellos y fueron consumidos por el fuego. El hecho de que inmediatamente después de este incidente Aarón y sus hijos hayan sido advertidos en contra del uso de vino y de bebidas espirituosas, ha hecho creer a algunos que estos dos sacerdotes presumidos estaban bajo la influencia del licor cuando cometieron el pecado que les costó la vida.

El Rechazamiento de Canaán
(Números 1—36)

Antes de dejar el campamento de Sinaí, se hizo un censo de todo el pueblo. Esto, juntamente con un censo posterior, sirve como título al cuarto libro del Pentateuco: Números. Solo se contaron a los hombres de veinte años para arriba y capaces físicamente, excluyendo a los levitas. El número total fué de 603,550.

El primer aniversario de la salida de Egipto se acercaba y se puso énfasis especial en la observancia de la Fiesta de la Pascua. El Tabernáculo estaba ya en uso y es de imaginarse el gozo con que el pueblo celebró su libertad de la esclavitud de Egipto. La columna de nube y de fuego que les había guiado desde Egipto a través del desierto, había tomado su lugar permanente sobre el Tabernáculo. Mientras la nube descansaba sobre el Tabernáculo, la gente permanecía acampada. Cuando la nube se levantaba, el pueblo desarmaba el Tabernáculo y se preparaba para marchar.

1. La Marcha Hacia Kades *(Números 1—14)*.

Unas cuantas semanas después de la observancia de la primera Fiesta de la Pascua, la nube se levantó del Tabernáculo y se dirigió al norte hacia el desierto de Parán. Muy obedientes las gentes desarmaron el tabernáculo y principió la marcha.

Mas he aquí, que las dificultades de este corto viaje fueron muchas. Al principio la gente se quejó otra vez de la falta de carne, y una vez más las codornices migratorias cayeron por sobre todo el campamento supliéndoles la falta. Después, María y Aarón se encelaron de la autoridad inmensa que Moisés tenía y se quejaron, "¿Solamente por Moisés ha hablado Jehová? ¿No ha hablado también por nosotros?" Como evidencia instantánea del desagrado de Dios, el rostro de María se volvió leproso, tan blanco como la nieve, y, fué sanada solamente por la intercesión de su hermano acerca de quien se había quejado.

Después de dos meses, la comitiva llegó a Kades-Barnea,

en la frontera sur extrema de la tierra que Dios les había prometido. Aquí asentaron campamento otra vez y mandaron espías que reconocieran la tierra y que informaran las consecuencias probables de la invasión. Los espías llegaron hasta Hebrón y al valle cercano de Eschol, que estaba todavía a muchas millas del centro de Palestina. La mayoría de los espías trajo un informe pesimista aunque contradictorio. Dijeron que la tierra fluía leche y miel y que el fruto era hermoso y grande, pero que era un país que "comía a sus moradores." Sin embargo, dijeron que toda la gente que habían visto eran hombres de grande estatura ante cuyos ojos ellos no eran más que unas simples langostas.

Solo Caleb y Josué pidieron que la invasión principiara desde luego. Pero por desgracia, su fe resultó vencida debido a la duda y al pesimismo de la mayoría y por supuesto del pueblo que oyó las noticias, quienes principiaron a lamentarse por causa de su expedición fracasada y clamaron, "Ojalá muriéramos en la tierra de Egipto." Ellos no estaban en condiciones de saber qué tan pronto serían contestadas sus oraciones insensatas, pero Dios le dió a Moisés la respuesta: Ninguno de los de esta generación, exceptuando los dos que habían pedido que se entrara inmediatamente a posesionar la tierra de Canaán, habrían de entrar a la tierra prometida.

Lo que ellos habían temido intentar bajo el plan de Dios, la gente intentó con locura basándose en su propia fuerza. Se unieron todos para un ataque en contra de los cananitas. Moisés les advirtió que no lo hicieran y los israelitas presumidos pronto fueron rechazados en una de las más completas derrotas.

2. La Espera en el Desierto *(Números 15—21).*

Los siguientes treinta y siete años fueron pasados por alto por el escritor sagrado como no sea por algunos detalles. El pueblo permaneció en Kades por algún tiempo, volviéndose después al desierto de Parán. No debe asumirse que estos años fueron años de movimiento constante. Dependiendo en gran parte de la pastura y del agua para sus crecientes ganados y rebaños, el pueblo buscó perezosamente la pastura que el valle les ofrecía en este tiempo de transición y de espera. En el resumen del viaje por el desierto que se da en el capítulo 33 de Números, el escritor indica que hubo solo diez y nueve campamentos durante los treinta y siete años, lo que quería decir que en cada campamento permanecían como dos años.

Durante este tiempo, se suscitó otra rebelión en contra de la autoridad de Moisés y Aarón, en esta ocasión encabezada por Coré un Levita, y Dothán y Abiram, ambos de la tribu de Rubén. Coré hizo cuanto pudo para separar al pueblo de la dirección de Moisés y Aarón, pero cuando llegó la prueba, tanto él como sus compañeros de conspiración fueron destruidos en un terremoto que abrió una grande zanja en la tierra, y los otros levitas que ayudaron a Coré fueron destruidos por fuego. Judas, en el Nuevo Testamento, se refiere a Coré como el tipo de líderes religiosos que tratan de usurpar la autoridad que por derecho no les pertenece.

Treinta y siete años después del rechazamiento inicial del plan de Dios, encontramos a los israelitas otra vez en Kades. Fué aquí donde murió María y fué sepultada. Moisés por primera vez fracasó en dar la gloria a Dios delante de su pueblo y como resultado de ello perdió el derecho de entrar a Canaán con Josué y Caleb. El agua se escaseó otra vez y la gente principió a quejarse. Cuando se le instruyó a que hablara a la roca que estaba allí cerca, Moisés la golpeó y dijo, "¿Os hemos de hacer salir aguas de esta peña?" (Números 20:10). En lugar de darle la gloria a Dios, Moisés se la apropió. El hecho de que Moisés fuera castigado con tanta severidad en tanto que el pueblo parecía transgredir la ley de Dios casi con impunidad, es un testimonio claro de la verdad de que "al que mucho se le ha dado, mucho se le requerirá." La mucha luz significa también grande responsabilidad.

Poco después de esto, Aarón murió y su hijo Eleazar fué el sumo sacerdote. Debido a que los edomitas rehusaron permitirles el paso a través de su territorio, el pueblo se volvió al sur otra vez, rodeando el extremo sur de las cordilleras montañosas que se extendían desde el Mar Muerto hasta la parte superior del Mar Rojo y después se volvieron hacia el norte acercándose a Moab y al río Jordán desde el este.

Durante esta marcha, el espíritu quejumbroso del pueblo se manifestó una vez más. En esta ocasión aparecieron serpientes venenosas que invadieron todo el campo. Cuando la gente se dió cuenta del peligro, se volvió otra vez a Moisés para que intercediera delante de Dios. El Señor le dijo al patriarca que hiciera una serpiente de metal y que la pusiera en un poste alto en medio del campo. Siempre que un israelita resultaba mordido por la serpiente, con sólo mirar a la serpiente de metal recibía su sanidad y vivía. Jesús aplicó este incidente (véase Números 21:7-9; Juan 3:14-17) a su propio propósito de dar su vida al venir a este mundo.

3. La Marcha Hacia Moab *(Números 22—36).*

Cuando Balac, rey de Moab, oyó que la multitud se acercaba, se llenó de consternación. Anteriormente, había recibido informes de las muchas victorias que los israelitas habían obtenido. En su desesperación, Balac envió a buscar a un adivino o nigromante de reputación, llamado Balaam. Parece que Balaam era politeísta, esto es, que adoraba muchos ídolos, y reconocía a Jehová como el Dios de los hebreos. Insistió en que no podía ir a Moab como no fuera por permiso de Jehová. En vista de que se le ofrecían recompensas nuevas y más grandes, Balaam recibió permiso de ir en la inteligencia de que hablaría solamente lo que Dios le dijera.

Habiendo escapado de la muerte en un hilo mientras iba en camino, Balaam llegó por fin a Moab. Pero todo esfuerzo que hizo para pronunciar maldición sobre los israelitas resultó en bendición. Por tres veces trató de maldecir al pueblo hasta que al final profetizó el triunfo futuro de Israel sobre los moabitas. Muy disgustado, el rey Balac lo despidió sin darle la recompensa prometida, no sin que antes Balaam le hubiera dado consejo personal sobre la manera de cómo Balac podría obtener lo que quería. Si solamente se pudiera inducir al pueblo de Israel a que se casaran con los moabitas, y que adoraran a Baal como su ídolo, ellos incurrirían en la ira de Jehová quien inmediatamente los destruiría. Cuando los israelitas capturaron más tarde a Madián, Balaam fué hecho prisionero y pagó con su vida la falta que había cometido.

Poco a poco se iba descubriendo todo y el pueblo estaba ya casi al final de su peregrinación. Las tribus de Rubén, Gad, y Manasés vinieron a Moisés pidiéndole que les permitiera quedarse al oriente del Jordán en donde había mucha buena pastura para sus animales. Después de hacerlos prometer que ayudarían a los demás en la conquista de Palestina, Moisés consintió. Cuando se tomó otro censo de la tierra se encontró con que Israel contaba con 601,730 guerreros, un poco menos de lo que el censo anterior había revelado una generación antes.

El Ultimo Mensaje de Moisés
(Deuteronomio)

El último campamento de los israelitas fuera de Canaán fué en Sittim, en los llanos de Moab, un poco al este y al otro lado del Jordán yendo desde la fortificada Jericó. Situada entre grandes extensiones de árboles de acacia en un valle alto, las tiendas del pueblo se extendieron en un cuadro de tres millas o más.

Moisés sabía que su fin estaba cerca. Estaba todavía apurado por la perspectiva que le presentaba la deslealtad del pueblo en el futuro, tal como había sido en el pasado. Además, se había levantado una nueva generación que no había oído la ley en su publicación original en el Sinaí.

Moisés, por tanto, convocó al pueblo en la víspera de su entrada a la tierra prometida. La substancia de su mensaje se da en Deuteronomio, en tres grandes discursos.

1. El Primer Discurso—Retrospección—el Pasado
(Deuteronomio 1—4).

En su primer discurso, Moisés recordó los tratos de Dios con su pueblo desde la promulgación de la ley en el Sinaí, pasando por la rebelión de Kades-Barnea, hasta el tiempo preciso en que él estaba hablando. Les llamó la atención a la fidelidad constante de Dios ante la incredulidad y desobediencia de la nación y usó esta revisión como base para una exhortación sincera a la obediencia y a la lealtad constante para Jehová.

2. El Segundo Discurso—Introspección—el Presente (Deuteronomio 5—26).

Aquí encontramos el discurso que da título al libro, Deuteronomio, (*deutero*, segundo; *nomos*, ley: repetición o segunda promulgación de la ley). En este discurso, Moisés reitera a los que no habían estado presentes en el Sinaí las principales provisiones de la ley moral recalcando especialmente aquellas porciones que serían más dadas a olvidarse. Da énfasis especial a los mandamientos respecto a la lealtad para con Dios en vista de las tentaciones constantes hacia la idolatría a la que el pueblo estaba sujeto.

Incluyó también algunos reglamentos respecto a la vida de la nación en la tierra prometida. El santuario de Dios debe ser el lugar central en la adoración del pueblo, y el altar de Jehová debe ser el único lugar en que deben ofrecerse los sacrificios. Toda forma de idolatría debe evitarse cuidadosamente.

Se dieron también instrucciones sobre la observancia de las diferentes temporadas sagradas. Se amonestó a los sacerdotes fielmente a leer la ley al pueblo. Se repitieron varias leyes civiles, judiciales y políticas y se dieron ciertas ordenanzas sobre la administración de la justicia.

3. El Tercer Discurso—Perspectiva—el Futuro (Deuteronomio 27—30).

El discurso final tiene que ver con el futuro. Se le promete al pueblo que si ha de ser fiel y obediente, recibirá muchas bendiciones de la mano de Dios. Serán bendecidos en la ciudad y en el campo, en sus cestos y en sus bodegas. Sus enemigos vendrán en contra de ellos por un lado y huirán delante de ellos por siete. El cielo les dará su lluvia y la tierra su producto. Prestarán a muchas naciones, y no pedirán prestado; serán cabeza y no cola.

Por el otro lado, si son desobedientes y desleales vendrán sobre ellos grandes castigos. El cielo que les cubre será como de latón y la tierra será como de hierro. Serán sólo una sorpresa para las demás naciones, y un proverbio o palabra que pasa. Si no sirven al Señor con gozo, servirán a sus enemigos con tristeza, en hambre, en sed y desnudez. La tierra misma será maldita y serán desolados como Sodoma y Gomorra.

Esta repetición de la ley se presentó como pacto y se ratificó solemnemente con aquella generación como el pacto precedente había sido ratificado ante sus padres en el Sinaí. Moisés les hizo una protesta solemne, "A los cielos y la tierra llamo por testigos hoy contra vosotros, que os he puesto delante la vida y la muerte, la bendición y la maldición: escoge pues la vida, porque vivas tú y tu simiente" (Deuteronomio 30:19).

4. Los Ultimos Días de Moisés *(Deuteronomio 31— 34).*

Habiendo dado ya su último mensaje al pueblo, Moisés completó la escritura de la ley y la dió a los sacerdotes para que la guardaran. Llamando a Josué, le aconsejó que fuera valiente y leal. Poniendo sus manos sobre su sucesor, Moisés le llevó hacia la puerta del santuario para que rindiera protesta delante del Señor.

Habiendo transferido formalmente su autoridad a Josué, el estadista anciano y profeta compuso y presentó a los ancianos del pueblo el hermosísimo canto que se menciona en Deuteronomio 32, y extendió sus bendiciones a las tribus representadas por los ancianos. Por mandato de Dios, ascendió al monte Nebo. Fué aquí donde Dios le enseñó toda la tierra de Canaán, y después de verla no entró en ella sino hasta el tiempo de la transfiguración de Cristo (Mateo 17:3-4), puesto que allí murió. Siendo enterrado por el ángel de Dios (Judas 9 y Deuteronomio 34:6), el sepulcro de Moisés no ha sido descubierto hasta hoy.

No hay peligro de estimar demasiado la importancia de la vida y obra de Moisés en el desarrollo de la nación escogida. La carrera de su vida cubre los primeros latidos y la infancia de una nación grande. Fué un general grandioso, un gran estadista, un gran legislador, un gran organizador religioso y un profeta.

Tan importante como cualquier otro aspecto de su vida y de su obra es la producción literaria de Moisés. Se encuentran muchas referencias a su actividad literaria y es a él a quien le debemos los primeros cinco libros de nuestra Biblia. El era no solamente un maestro del tipo cronista de literatura sino también de forma poética. Uno de los Salmos (el Salmo 90) se le atribuye a él. Debido a su lugar importante en la transmisión del pacto, su nombre condensaba el todo de la ley: "A Moisés y a los profetas tienen: óiganlos" (Lucas 16:29).

Capítulo Cuatro

La Conquista de Canaán

Fuentes: Josué, Jueces, Ruth, 1º Samuel 1–10.

Periodo: Desde el paso del Jordán hasta la coronación de Saúl, del siglo XV a.c. hasta como por el 1050 antes de Cristo—como 350 años.

Este período trata de la invasión y conquista de Palestina por los israelitas, los tiempos intranquilos y difíciles de los Jueces, y la demanda creciente de un rey en quien se centralizara la autoridad de la nación.

La Dirección de Josué

(Josué)

Josué, hijo de Nun, resaltó al principio como jefe militar en la desesperante batalla que Israel libró en contra de los amalecitas poco después de la salida de Egipto. Fué ayudante y brazo derecho de Moisés durante los largos años que pasaron en el desierto; y debido a que tanto él como Caleb protestaron en contra del informe de la mayoría de los espías, a los dos se les permitió entrar a la tierra prometida.

1. El Paso del Jordán *(Josué 1—5).*

Inmediatamente después de la muerte de Moisés, cuando hubo terminado el período de luto, de treinta días, Josué principió a hacer los preparativos para la invasión de Palestina. Se dieron tres días para preparar alimento y las demás cosas necesarias para el viaje y se mandaron a dos hombres para que entraran a Jericó y observaran las fortificaciones de la ciudad. La tarea del sucesor de Moisés era en verdad una tarea hercúlea. Estaba encargado de dirigir a una gran compañía de gente, junto con todos sus enseres caseros, el cuidado de los ancianos y jóvenes, y de los grandes rebaños de ganado y de ovejas, a través del turbulento y caudaloso río, hacia un plan fortificado por una gran ciudad amurallada. Observemos cuánta fe extraordinaria se demandó de este pueblo que lo que se había demandado treinta y ocho años antes a sus padres cuando se acercaron a Canaán por el lado sur donde había menos habitantes y el territorio era menos fortificado.

Cuando los espías volvieron con el mensaje de que los habitantes de Jericó estaban temerosos y pesimistas, los israelitas levantaron sus tiendas y se dirigieron hacia el río. Se les dieron instrucciones cuidadosas acerca de la línea de marcha. Primero habrían de ir los sacerdotes llevando el Arca del Pacto sobre sus hombros. Después habrían de seguirles el pueblo como unos tres mil pies atrás. Cuando los pies de los sacerdotes tocaron la orilla del agua, el poder milagroso de Dios hizo que el agua se dividiera para que los hijos de Israel pasaran en seco.

Mientras las huestes pasaban, los representantes de cada tribu recibieron instrucciones de traer una piedra del fondo del río para erigir un monumento en la ribera occidental del Jordán. Los sacerdotes y el arca estuvieron de pie en medio del río para que permaneciera seco hasta que toda la compañía hubiera atravesado. Cuando los sacerdotes salieron del río, las aguas acumuladas siguieron estrepitosamente su curso desde arriba como si nada hubiera pasado.

El primer campamento de Israel al oeste del Jordán fué en Gilgal, donde se resumió una vez más el rito de la circuncisión. Parece que por ciertas razones el rito se había descuidado durante los años que el pueblo había permanecido en el desierto. En esta ocasión también vino la fiesta de la pascua y se observó ésta usando las riquezas materiales que el pueblo había encontrado en esta nueva nación. Tan pronto como pudieron obtener otra clase de alimento el maná que por mucho tiempo había ayudado a la subsistencia del pueblo cesó de aparecer.

2. Captura de Jericó (Josué 6).

Aunque Jericó era una fortificación bien preparada, pronto cayó ante los israelitas invasores. Estimulados por el "hombre de la espada," Josué ordenó que la gente marchara al derredor de las fortificaciones en silencio una vez cada día por seis días consecutivos. El séptimo día rodearon las murallas siete veces, y cuando los sacerdotes sonaron sus trompetas, las murallas cayeron y los israelitas entraron inmediatamente a la ciudad dejando con vida sólo a la familia de Rahab que había protegido a los espías, y quemando el resto de los edificios hasta arrasarlos completamente sin tomar una sola cosa.

El doctor John Garstang, director de la Escuela Británica de Arqueología en Jerusalem, encontró confirmación sorprendente de este relato en sus excavaciones de 1929 y 1936 en el sitio del Jericó antiguo. Descubrió fortificaciones que habían cubierto originalmente como siete acres. Rodeando esta área había dos grandes murallas: la muralla de afuera era como de seis pies de grueso en tanto que la muralla interior era de doce pies y situada como quince pies la una de la otra en tanto que las dos murallas se elevaban a una altura como de cuarenta pies. Las dos murallas se unían por arriba por medio de casas construídas sobre el espacio que las dividía. Las murallas de afuera, según se ha descubierto, cayeron hacia afuera, por lo largo de la colina llevando consigo las murallas más pesadas de adentro. En vista de que las murallas del este y del oeste estaban más seriamente dislocadas que las del norte y del sur, Garstang opinó que la causa de la catástrofe fué un terremoto—en vista de que la fuerza de los temblores viene de este a oeste.

Todo aquel terreno se cubrió de cenizas y escombros, debajo de los cuales habían utensilios de casa y provisiones quemadas—ese fué el hallazgo del arqueólogo. Por el tipo de utensilios en uso, la destrucción parece haber ocurrido como por el año 1400 antes de Cristo, fecha que encuadra admirablemente con los hechos conocidos de la cronología bíblica.

3. Captura de Hai *(Josué 7—8).*

Pero he aquí que el progreso triunfante de los israelitas fué detenido de manera abrupta. Se creyó que un hombre de Israel había tomado botín prohibido de la ciudad de Jericó y su pecado secreto encontró demostración rápida cuando los israelitas tomaron la pequeña ciudad de Hai, y fueron rechazados con pérdida de muchas vidas. Achán y su familia, que sin duda eran cómplices en el robo, fueron descubiertos y muertas haciendo posible que Hai fuera capturada y quemada.

4. La División de la Tierra *(Josué 9—22).*

El plan de campaña de Josué en la conquista de Canaán reveló su característica militar como general. Habiendo asegurado su campamento en Gilgal por medio de la captura de Jericó y de Hai, se volvió primero hacia el sur, deteniéndose sólo para cumplir con la recomendación de Moisés de pregonar las bendiciones y maldiciones desde el Monte Ebal y el Monte Gerizim (Josué 8:30-35).

Aparecieron entonces embajadores del pueblo de Gabaón, representando un acto casi teatral con el fin de probar que habían viajado desde una larga distancia. Sin consultar al Señor, Josué se comprometió con ellos en un tratado formal de amistad—sólo para saber más tarde con sorpresa, que Gabaón era una población cercana. Cuando los jefes de tribu en la parte sur de Palestina oyeron acerca del tratado que los gabaonitas habían consumado con Israel, cinco de ellos se reunieron para emprender una expedición punitiva en contra de Gabaón. En respuesta a la petición de ayuda que recibió, Josué principió una campaña hacia el sur subyugando toda la porción sur de Canaán desde Jerusalem hasta Kades-Barnea, y desde Hebrón hasta Gaza. Fué durante esta campaña que Josué ordenó que el sol se detuviera a fin de completar una victoria particular y evitar que sus enemigos se reunieran y volvieran a acometer.

En seguida, emprendió Josué una campaña hacia el norte. Los poderosos jefes de tribu de la región norte de Palestina se habían reunido bajo la dirección de Jabín, rey de Asor. Los dos ejércitos libraron batalla en Merom, y las huestes paganas de Jabín fueron derrotadas miserablemente teniendo que huir hasta Sidón al noroeste y Mizpa en el oriente. Estas campañas doblegaron a los cananitas por lo que se refiere a la resistencia organizada, pero no exterminaron completamente a los habitantes. En algunas localidades, permanecieron avanzadas bien fortificadas, y cuando años más tarde las tribus de Israel salieron para recibir las porciones de tierra que se les había asignado, muchos de ellos ofrecieron resistencia esporádica.

En tres casos particulares, Josué fracasó en completar la conquista de Canaán. *Primero,* hizo un contrato con Gabaón por el que fué forzado a permitir que aquel pueblo cananita permaneciera sin ser molestado. *Segundo,* no pudo capturar la fortaleza de los jebuseos en Jerusalem, conquista que no fué hecha sino hasta el tiempo de David cuatrocientos años más tarde. *Tercero,* dejó a los filisteos atrincherados en sus ciudades a lo largo de la costa del mar. Los resultados de todo esto fueron en verdad serios por lo que se refiere a la historia posterior de Israel.

La repartición de la tierra entre las nueve tribus que habían de recibir su herencia al oeste del Jordán (Rubén, Gad, y Manasés habían escogido su territorio al este del Jordán, y algunos de los descendientes de Manasés habían ganado territorio con los efraimitas), se llevó a cabo por medio de suertes, bajo la vigilancia de Josué y Eleazar el sumo sacerdote. La repartición fué hecha de acuerdo con el tamaño y necesidades particulares de cada tribu, usándose la suerte para determinar sólo la localidad general del área, no sus límites precisos.

También se escogieron y asignaron a la tribu de Leví un cierto número de poblaciones pequeñas, puesto que la tribu sacerdotal no recibió territorio fijo. Seis de las ciudades levíticas fueron apartadas por mandamiento de Dios como, "ciudades de refugio," hacia las cuales habrían de huir las personas acusadas de homicidio para librarlas de la ley, de las familias, y del vengador de la sangre. Las ciudades de refugio proveen otro tipo hermoso en el Antiguo Testamento de la provisión que Cristo hace para los pecadores culpables.

Debido a los arreglos anteriores, los hombres de batalla de Rubén, Gad, y Manasés, las tribus que habrían de vivir al oriente del Jordán, habían acompañado a sus compatriotas a través de las duras y largas campañas. Se les permitió en esta vez que volvieran a su hogar. Mientras iban en camino se detuvieron en el Jordán y construyeron un gran altar. Esto causó una cierta intranquilidad entre los demás que casi resultó en una guerra civil de proporciones desastrosas. Las demás tribus pensaron que estaban urdiendo una cierta idolatría; pero la explicación fué satisfactoria, y la gente volvió a sus hogares principiando así la tarea larga de asegurarse de aquella tierra que el Señor les había dado.

5. El Ultimo Reto de Josué *(Josué 23—24).*

Josué se retiró hacia el poblado de Timnath-serah que se le había dado en la división de la tierra, y por veinte y tres años gozó de una paz bien marcada. No obstante, estaba profundamente interesado en el bienestar de su pueblo, pues cuando se dió cuenta de que el fin de su vida se acercaba, llamó a Israel a una convocación en Sichem, el lugar que tenía muchos recuerdos desde los tiempos de Abraham, Jacob, y José.

Como Moisés lo había hecho treinta años antes, Josué pronunció un discurso final. Recordó a la nación los favores que Dios había manifestado de manera tan abundante a través de su historia, y los desafió con las siguientes palabras, "Escogeos hoy a quién sirváis; si a los dioses quienes sirvieron vuestros padres cuando estuvieron de esa otra parte del río, o a los dioses de los Amorrheos en cuya tierra habitáis: que yo y mi casa serviremos a Jehová" (Josué 24:15) .

Josué escribió las palabras en el libro de la ley de Dios y lo depositó en el santuario, que estaba en Sichem. Erigió también un altar de piedra como memorial del reto hacia la lealtad que había dado al pueblo. Después, a la edad de 110 años, Josué "el hijo de Nun, siervo de Jehová," murió y fué sepultado en su hogar en Timnath-serah.

La Edad de los Jueces

(Jueces)

Los siguientes dos siglos de la historia de Israel han sido considerados como "los siglos de obscuridad" en la historia del pueblo de Dios. Fué una edad de confederación libertina entre las doce tribus de Israel, con poca consideración a un gobierno central, y entristecida ocasionalmente por guerras civiles entre determinado grupos de familias.

Los "jueces" de esta era, no deben considerarse primordialmente como árbitros judiciales con encargo de decidir puntos de ley o para dirimir disculpas entre el pueblo. Eran antes que nada jefes militares que llamaron la atención popular debido a ciertas proezas, y quienes por virtud de considerarse héroes militares ejercitaban también algún dominio político o influencia. Algunos de ellos estaban muy distantes de ser de carácter ejemplar adquiriendo prominencia solo debido a las demandas de aquel tiempo.

Pocos jueces adquirieron prominencia nacional. La mayor parte de ellos eran conocidos y respetados solamente en la tribu o grupo de tribus en que se levantaban y trabajaban. Por esto, la cronología de este período está llena de toda clase de problemas. Muchos de los jueces eran contemporáneos, y llevaban a cabo sus hazañas más o menos por el mismo tiempo solo que en diferentes secciones del país.

Por lo general, la edad de los jueces refleja un nivel muy bajo de vida moral y espiritual. La gente con frecuencia caía en la idolatría, aceptando las religiones paganas de los nativos que les rodeaban, y a quienes ellos mismos habían fracasado en echar cumpliendo con el mandamiento que Dios les había dado. El tono moral de esta edad se describe de una manera correcta en el último versículo del libro de los jueces, "Cada uno hacía lo recto delante de sus ojos."

Durante todo el tiempo que Josué vivió y cuando todavía vivían los ancianos que habían sido testigos de las obras maravillosas de Dios al atravesar el Jordán y al conquistar la tierra de Canaán, la gente permaneció relativamente leal a

Jehová. Pero pronto vino otra generación que no conocía al Señor. El modelo recurrente de todo este período se da en el segundo capítulo de los Jueces. Cuando la gente olvidaba adorar al verdadero Dios, la calamidad nacional les rodeaba por completo. Sus enemigos, acechándolos siempre por las fronteras de Palestina, los invadían hasta conquistar la tierra y ponerlos bajo tributo. Después, la gente se arrepentía y pedía la misericordia de Dios hasta que Jehová mismo les suscitaba libertador o juez. Mientras este juez y los de su generación vivían, había un período de verdadera religión y por lo tanto un período de paz. Después venía otra generación y volvían otra vez a la idolatría siguiendo así en círculo vicioso.

En el libro de los Jueces se notan por todo seis ciclos separados de pecado, opresión y liberación. Estos no están en conección de serie cronológica sino más bien en un grupo de cuadros históricos en los que se describen fielmente la condición del país, la gente y los tiempos aquellos. Son catorce los jueces que se mencionan por nombre incluyendo a Elí y a Samuel. De éstos, doce se describen en su trabajo—seis se describen brevemente y seis con más o menos detalle.

1. La Opresión por los de Mesopotamia *(Jueces 3:1-11)*.

La primera opresión resultante de la idolatría vino del noreste en las personas de Chusan-rishathaim y sus hordas mesopotamias. Durante este período se introdujo la adoración a Baal, el dios del sol, y a Astaroth, la diosa de la luna. Aun suponiendo que controlara la fertilidad de la tierra, la adoración de Baal probó ser muy seductora a los israelitas tal como se revela en la historia posterior de la nación.

Por ocho años continuó esta opresión hasta que Otoniel, el sobrino de Caleb, logró emprender un movimiento de resistencia y echar fuera a los opresores. Después de esto, aquella porción de tierra gozó paz por un período de cuarenta años.

2. Los Moabitas (*Jueces 3:12-31*).

Pronto fué tal la corrupción, que Dios permitió que los moabitas invadieran Palestina desde el sureste, por el otro lado del Jordán. Moab había sido vencido cuando los israelitas invadieron al principio la tierra al este del Jordán, solo que ahora las cosas cambiaron. Por diez y ocho años, Eglón, rey de Moab, había gobernado el sureste de Palestina con mano férrea. De la tribu de Benjamín, Dios levantó a Aod, quien con tributo fué a visitar a Eglón en sus cuarteles generales cerca de Gilgal. Pidiendo una audiencia privada con el rey moabita, Aod le asesinó escapando antes de que su crimen fuera descubierto. Juntando a todo su pueblo, Aod los dirigió en contra de los desalentados moabitas y los hizo huir una vez más por el otro lado del Jordán. En esta ocasión vino un período de paz de ochenta años a aquella tierra acosada por las guerras.

En este mismo período, Samgar también libró a las tribus surianas de la opresión de los palestinos, matando en una ocasión a seis cientos de ellos con una aguijada de bueyes.

3. Los Cananitas (*Jueces 4—5*).

Del norte vinieron más dificultades todavía. Jabín y Sísara, con novecientos carros armados y un gran ejército de soldados cananitas, invadieron la tierra. Débora la profetisa y su joven amigo Barac, fueron los instrumentos que Dios escogió para librar a su pueblo. Estimulando al tímido Barac a que reuniera a todos los hombres de guerra de Israel, Débora prometió acompañarlo a la batalla, advirtiéndole sin embargo, que por cuanto él había confiado en una mujer, el crédito por la muerte de Sísara debería dársele a la mujer.

Cuando vino la batalla, Barac y sus diez mil guerreros valientes vencieron e hicieron huir a sus enemigos. Sísara, el capitán del ejército, dejó su carro y sus ejércitos vencidos y huyendo a pie llegó hasta el campo de Heber amigo de Jabín, su rey. Cuando Jael, la esposa de Heber lo vió, le dió leche a beber y lo cubrió con una manta. El cansado general quedó dormido y mientras dormía, Jael lo enclavó en el suelo con una estaca que introdujo por sus sienes. Este rompimiento en el pacto de hospitalidad ha recibido justificación de parte de algunos basándose en que Sísara pensaba tomar refugio en la casa de la mujer, y de acuerdo con las reglas estrictas del harén oriental era digno de muerte instantánea. Esto, más que otra cosa, ilustra de manera cierta el ambiente rudo y cruel que subsistía en aquel tiempo.

Esta victoria importantísima sobre un ejército inmensamente superior fué celebrada en el hermoso cántico de Débora, que se encuentra en el capítulo cinco de los Jueces. Siguió después un período de cuarenta años de paz.

4.   La Invasión de los Madianitas *(Jueces 6:1—10:5).*

Nuevos peligros vinieron del país que estaba al extremo oriente del Jordán. Por siete años, durante la cosecha, los madianitas invadieron la parte central y sur de Palestina apoderándose de las cosechas, producto de todo un año de labores. En su desesperación, los israelitas pidieron a Dios en oración que les mandara un libertador. Un ángel de Dios apareció a un joven de la tribu de Manasés de nombre Gedeón, quien estaba sacudiendo el trigo en el lagar para evitar que los madianitas lo descubrieran. Gedeón ofreció inmediatamente un sacrificio, destruyó el altar local de Baal y pidió ayuda a las tribus circunvecinas.

Treinta y dos mil hombres respondieron al llamado. Gedeón tuvo mucho cuidado sin embargo, pues no se sentía satisfecho a pesar de que Dios le había dado pruebas con el "vellón," y hasta le había permitido oir una predicción pesimista del fracaso que discutían entre sí los madianitas. Aunque el ejército de Gedeón era pequeño en comparación con el del enemigo, Dios le dijo que era demasiado grande—de esta manera estarían tentados a tomar el crédito por la victoria que había de venir.

Entonces Gedeón les pidió que todos los que tuvieran miedo de ir a la guerra se volvieran a su hogar. Veinte y dos mil personas tomaron sus maletas y se fueron. Pero aún los diez mil restantes eran demasiados. Obrando de acuerdo con las órdenes que Dios le dió, Gedeón los llevó a un manantial cercano. Todos los que, cuando tuvieron la oportunidad de satisfacer su sed, se olvidaron de que eran soldados con deber de enfrentarse al enemigo y conquistar, y, se agacharon sobre su estómago y bebieron hasta hartarse, fueron puestos aparte. Sólo trescientos recordaron el propósito de su llamado tomando suficiente agua en sus manos como para satisfacer las demandas inmediatas de su cuerpo físico.

Gedeón entonces proporcionó a cada uno de los 300 soldados una trompeta, una antorcha y un cántaro con el fin de que se hicieran una linterna usando la antorcha. Se les dieron instrucciones minuciosas. A la señal de Gedeón, cada uno de los trescientos que rodeaban el campo de los madianitas a la caída de la noche, rompieron sus cántaros, e hicieron brillar sus antorchas, sonaron su trompeta, y se dieron al ataque gritando, "¡La espada de Jehová y de Gedeón!" Levantados de su sueño profundo, los madianitas principiaron a pelear en confusión, matando a sus propios hombres; finalmente se esparcieron y huyeron en completa derrota.

En vista de esta victoria importante, los israelitas quisieron proclamar rey a Gedeón, y a su familia como miembros de la casa real. Gedeón rechazó este honor, insistiendo en que Jehová habría de ser su gobernante. Sin embargo, después de la muerte de Gedeón, su hijo Abimelech se autoeligió monarca asegurándose para sí un buen número de adeptos. Su primer acto consistió en matar a todos sus medios hermanos, habiéndosele escapado Jotham el más joven. Solo que el éxito de Abimelech duró poco, porque después de tres años sus principales adeptos en Sichem se pusieron en su contra. En la lucha resultante, Abimelech fué herido en la cabeza con un pedazo de rueda de molino tirado desde la muralla por una mujer. Para no morir como resultado de la pedrada que recibió por la mujer, cosa que él consideraba como desgracia, Abimelech ordenó a su escudero que lo matara.

Tola y Jair, dos jueces acerca de los cuales poco se nos dice, pertenecen también a este período.

5. Los Ammonitas *(Jueces 10:6—12:15)*.

Desde el oriente vino otra vez un nuevo enemigo, solo que en esta ocasión fueron los ammonitas. Siguiendo el mismo sistema que el de los madianitas, los invasores atacaron especialmente las tribus de Judá, Benjamín, y Efraim. La causa casi perdida del pueblo de Israel fué defendida por Jephté, un hombre de Galaad. Por cuanto era hijo ilegítimo, había sido echado de su hogar paternal por sus hermanos viviendo como capitán de guerrillas muy al noreste en un territorio conocido con el nombre de Tob. Conociendo las habilidades de Jephté para la guerra, los ancianos de su tribu lo invitaron a que volviera y asumiera el cargo de sus ejércitos. A pesar de su ruda educación, parece que Jephté era un hombre muy consciente. Adoró a Dios en Mizpa antes de principiar su campaña en contra de los ammonitas, y cuando el resultado de la batalla era todavía dudoso prometió ofrecer en sacrificio a la primera criatura que saliera a encontrarle al volver a su casa.

Dios le dió la victoria, solo que el voto de Jephté tuvo un desenlace inesperado cuando al volver a su hogar vió que salía a encontrarle su única hija. Algunos han sido muy cándidos en suponer que de hecho Jephté no ofreció un sacrificio humano, cosa que no estaba sancionada por la ley sino que la redimió con dinero y la consagró a una vida de virginidad. La traducción hebrea de Jueces 11:40, dice: "Las hijas de Israel iban anualmente a hablar y a condolerse con la hija de Jephté el Galaadita cuatro días de cada año."

En este punto se manifestó otra vez el espíritu anárquico de aquella era. Los hombres de Efraim desafiaron a Jephté y a los galaaditas porque según su alegación, no los consultó cuando salió en guerra en contra de Ammón. En la guerra civil que se siguió, los efraimitas fueron derrotados completamente. Los galaaditas habían capturado la única retirada que llevaba hasta Efraim y siempre que se encontraban con algún extraño le preguntaban si era efraimita o no. Si lo negaba, le pedían que repitiera la palabra *Shibboleth.* Si en realidad el hombre era de Efraim, no podría pronunciar bien la "h," debido a la peculiaridad de su dialecto local, y por lo tanto siempre contestaba *sibboleth*. Se usó esta misma clave en la pasada guerra mundial en contra del enemigo en las Filipinas, donde los japoneses se presentaban como viandantes filipinos.

Ibzán, Elón, y Abdón, tres jueces menores, pertenecen también a este período.

6. La Opresión por los Filisteos *(Jueces 13—16).*

El último ataque sobre los israelitas y el más intenso, vino del suroeste, desde las costas de Filistia, de cuya palabra, de paso, se deriva la palabra Palestina. Los filisteos poseían cinco ciudades principales, que con frecuencia aparecen en el relato: Gaza, Askelon, Asdod, Ekron, y Gath. Pasaron cuarenta años de continuo luchar.

Es en esta conección que consideramos a Samsón, nacido como hijo de la promesa a Manoa y a su mujer y dedicado como nazareo desde su nacimiento, lo que quiere decir que su cabello nunca fué cortado o rasurado, ni nunca había entrado por su boca vino ni sidra. Aun cuando se le dotó de fortaleza sobrehumana mientras él permaneciera fiel a su voto nazareo, Samsón fué moralmente débil, especialmente en lo que se refiere a ser esclavo de la pasión sensual. Su primer encuentro con los gobernantes filisteos de aquel país sucedió cuando se unió con una mujer filistea de nombre Timnah, solo para después casarse con otra. En su ira, Samsón quemó el trigo en espiga de los filisteos. Estos últimos invadieron a Judá y pidieron que se les entregara al malhechor. Samsón permitió que lo ataran y en el momento mismo en que sus enemigos iban a capturarlo, se libró de sus ligaduras matando en ese proceso a algunos millares de sus enemigos, y usando también una quijada de asno que encontró cerca.

La alianza que Samsón hizo con Dalila, otra mujer filistea, ocasionó su caída. Cuando la mujer infiel le sacó con engaños el secreto de su voto nazareo, haciendo que fuera rasurado de su cabeza, el Señor se apartó de Samsón y su fortaleza fué como la de cualquier mortal ordinario. Siendo fácilmente capturado, le sacaron los ojos y le llevaron encadenado hasta la prisión de Gaza. Cuando llegó un día de fiesta, los filisteos se reunieron en el templo de Dagón su ídolo, y ordenaron que se trajera a Samsón a fin de que les sirviera allí de diversión. Al final, con una oración que elevó a Dios en medio de su necesidad, el Señor le concedió temporalmente su fuerza y Samsón derribó las columnas que sostenían la galería del templo, haciendo que cayera sobre él y sobre sus enemigos. "Y fueron muchos más los que de ellos mató muriendo, que los que había muerto en su vida" (Jueces 16:30).

Elí y Samuel pertenecen a la última parte de este período, solo que los estudiaremos en la siguiente sección de este libro.

Sol y Sombras
(Jueces 17—21, Ruth)

El libro de los Jueces termina con un apéndice que ilustra vívidamente la condición corrupta y anárquica de este tiempo. Se relatan aquí dos incidentes. El primero es la migración de una parte de la tribu de Dan, la cual mientras pasaba por Efraim se llegó a un hombre llamado Miqueas. Miqueas se había hecho algunas imágenes caseras y había persuadido a un joven levita a que le sirviera de sacerdote en su hogar. Los danitas, seiscientos hombres en total, se apoderaron de las imágenes, invitaron al joven sacerdote a que fuera su director espiritual, y siguieron adelante dejando al pobre Miqueas sin nada. Fundaron la ciudad en el extremo norte de Palestina llamándola Dan por ser éste el nombre de su tribu. La expresión "desde Dan hasta Beerseba" denotaba la longitud completa de la tierra desde el norte hasta el sur.

El último incidente en los Jueces es la historia del crimen de los hombres de Gabaa en contra de un viajero levita y su concubina. El resultado de este ataque horrible fué la guerra civil entre las tribus, en cuya lucha la tribu de Benjamín defendió a Gabaa cuando ya estaba a punto de ser arrasada.

Muy en contraste con las condiciones terribles que se relatan en los últimos capítulos del libro de los Jueces se encuentra la pastoral hermosa que se relata en el libro de Ruth. Aún en una edad corrupta y anárquica, la piedad y la santidad existieron en los corazones y vidas de muchas personas humildes. Elimelech y Noemí, que eran de Bethlehem, juntamente con sus dos hijos, Mahalón y Chelión, se fueron a Moab debido a las condiciones de hambre que existían en su tierra. Fué aquí donde Elimelech murió y Mahalón y Chelión se casaron con Ruth y Orpha que eran moabitas. Después de diez años, los dos hijos también murieron dejando a tres pobres y atribuladas viudas.

Teniendo conocimiento de que en Judá las cosas habían cambiado, Noemí decidió volver a su tierra natal. Cuando sus nueras expresaron su deseo de acompañarla, Noemí les pidió que no lo hicieran sintiendo que estarían mucho mejor en su propia tierra. Orpha, entristecida, volvió a su hogar; no así Ruth quien expresó su decisión definida de acompañar a Noemí diciéndole, "No me ruegues que te deje, y me aparte de tí: porque donde quiera que tú fueres, iré yo; y donde quiera que vivieres, viviré. Tu pueblo será mi pueblo, y tu Dios mi Dios" (Ruth 1:16).

Llegando a Bethlehem como por el tiempo de las cosechas, Ruth fué a rebuscar a los sembrados. La providencia hizo que llegara al campo de Booz, un pariente de Elimelech y uno de los agricultores más prósperos de Bethlehem. Sin duda que Booz se interesó desde luego en la joven viuda y al saber que andaba ella rebuscando semilla, Noemí le dió a Ruth unas ciertas instrucciones que ella cumplió al pie de la letra.

Una cierta costumbre que casi se había vuelto ley, decía que las propiedades del hombre que muriera sin hijos deberían ser compradas y redimidas de la viuda por el pariente más cercano, reteniendo así la propiedad en la familia. La costumbre también estipulaba que el más cercano de la familia debería casarse con la viuda a fin de proteger su propia herencia. Por consejo de Noemí, cuando hubo terminado la cosecha unas cuantas semanas después, Ruth le recordó a Booz lo de la herencia que todavía no había sido comprada. Sin embargo, en vista de que había un pariente más cercano que Booz, necesitaba su permiso antes de que Booz pudiera redimir la propiedad de Mahalón y casarse con la joven viuda. El siguiente día se hizo la transacción. Ruth llegó a ser esposa de Booz, y de esa unión nació Obed, el abuelo de David, el rey más notable que Israel hubiera tenido.

El libro de Ruth, originalmente incluido por los judíos con los rollos para que se leyera durante ciertos tiempos del año, se leía generalmente en la fiesta del Pentecostés, el festival del principio de la temporada de cosecha. Sirvió quizá como un recordatorio de que el adorador humilde y sincero, no importa su nacionalidad, tenía también un lugar en el plan de Dios.

Elí y Samuel
(1 Samuel 1—10)

Hay dos jueces más que faltan por considerar, aun cuando su historia se relata en otro libro: Elí, el sacerdote y juez; y Samuel, el profeta y juez.

Samuel nació en las colinas de Efraim doce siglos antes de Cristo, hacia el final de la edad de los jueces. Su madre, Anna, era estéril aun cuando la otra esposa de su marido sí había tenido hijos. Deseando con ansiedad tener un hijo, Anna aprovechó la ocasión de la visita que la familia hizo a Silo durante una de las fiestas anuales, para ir al Tabernáculo y orar. Elí, el sumo sacerdote, que estaba por allí cerca, la vió mover los labios pero no se dió cuenta de lo que ella decía. Pensó que se encontraba intoxicada y hasta la reprendió; pero dándose cuenta de la tristeza que le embargaba, unió sus oraciones a las de ella. Dios contestó la petición, y el niño recibió por nombre Samuel.

Cuando Samuel llegó a la edad en que podía estar separado de su madre, fué traído al Tabernáculo en cumplimiento a la promesa que Anna había hecho antes de que él naciera, de que lo habría de dar al Señor. Esto quizá se refiera a su consagración como nazareo, en vista de que ella había prometido, "no subirá navaja sobre su cabeza." Cuando niño pequeño, ministró en el Tabernáculo haciendo aquellas cosas propias de un muchacho, siendo siempre obediente a la preparación que le daba Elí. Pero aun cuando era joven, Dios le reveló a Samuel el desastre amenazador que se avecinaba a la casa de Elí debido a la maldad que había en los hijos del sacerdote. El historiador judío Josefo declara que Samuel tenía doce años de edad en esta ocasión.

Muy al contrario de toda ley y todo precedente, los hijos de Elí hicieron que el Arca del Pacto fuera llevada a la batalla en contra de los filisteos que en aquel tiempo los molestaban mucho. Los israelitas fueron derrotados miserablemente, los hijos de Elí fueron muertos, el arca fué capturada, y cuando Elí oyó las tristes noticias, se desmayó y en su caída se rompió la nuca y murió.

Después de la muerte de Elí, Samuel llegó a ser reconocido como profeta en toda la tierra. Los filisteos, sin poder conservar el arca, la tuvieron que regresar, recibiendo aprobación de Dios de que quedara en una casa particular de Chiriath-jearim por veinte años, hasta que la gente estuviera moral y espiritualmente preparada para recibirla de nuevo.

Veinte años más tarde, Samuel convocó a toda la nación en Mizpa, cerca del lugar en donde el arca se había perdido originalmente, a fin de confesar los pecados y ayunar delante de Dios hasta que Jehová los viera con favor. Los filisteos se dieron cuenta de los planes y se prepararon para la batalla, suponiendo sin duda, que la convocación terminaría en rebelión. Samuel oró, Dios mandó una gran tormenta, y los filisteos fueron derrotados tan duramente que durante todos los días que Samuel permaneció como jefe de la tierra no volvieron a amenazar la paz. Esta libertad completa y extraordinaria indicaba que Samuel era juez así como profeta en el mismo sentido en que los jueces habían sido tales por sus proezas militares.

Samuel estableció su residencia en Ramah en donde un cierto grupo de jóvenes profetas se reunían al derredor suyo en lo que habría de considerarse como la primera de las escuelas prominentes o escuela de "hijos de los profetas." En vista de que el Tabernáculo en Silo se había profanado y que el arca estaba en seclusión, Samuel erigió un altar en Ramah para ofrecer allí sacrificios a Jehová. En cumplimiento de sus deberes como juez, Samuel hacía una gira anual por su circuito que abarcaba Bethel, Gilgal, y Mizpa. Durante su administración vigorosa y de éxito, la tierra descansó de sus enemigos extranjeros. Samuel se casó y tuvo dos hijos, que desgraciadamente, eran indignos de tener un padre como el que tenían.

Pocos individuos han ejercido un influencia mayor en la vida religiosa de su pueblo y de su edad que la de Samuel. Fué tan honrado y respetado por los demás, que a través de todo Israel no había fiesta en las familias que estuviera completa sin su presencia. Sus palabras de bendición eran muy buscadas por dondequiera, y su consejo era considerado aún en las cuestiones muy peqpeñas. Su nítida fortaleza moral está muy en contraste con la debilidad moral de su predecesor, el juez Samsón.

Capítulo Cinco

La Formación del Reino

FUENTES: 1º Samuel 10—31; 2º Samuel; 1º Reyes 1—11; 1º de Crónicas; y 2º de Crónicas 1—9.

PERIODO: Desde la coronación de Saúl hasta la muerte de Salomón, o sea como del 1050 a.c. al 931 a.c.

Los ciento y veinte años que cubren este capítulo fueron testigos del desarrollo más grande que la nación haya sufrido durante toda su historia. La transformación habida desde un grupo pequeño de familias más o menos unidas hasta una monarquía poderosa conocida y respetada a través de todo el Mediterráneo, sucedió durante el período de vida de tres hombres notables—Saúl, David y Salomón.

La Tragedia de Saúl
(1 Samuel 10—31)

Pocos individuos han principiado su carrera con más cosas a su favor, solo para terminar en mayor tragedia que Saúl, el primer rey de Israel. Su historia resalta en las páginas del Antiguo Testamento como un testigo inolvidable de los resultados trágicos de la desobediencia y del orgullo con respecto al plan de Dios.

1. La Vida Temprana de Saúl *(1 Samuel 9—11)*

El primer incidente que conocemos con relación a Saúl poco implica el resultado tan trágico de su vida. El pueblo de Israel no estaba satisfecho con su falta de organización política. Su intento de hacer rey a Gedeón como 200 años antes, atestigua a este hecho. Así que mientras Samuel se envejecía y sus hijos demostraban a las claras su falta de capacidad moral, los israelitas vinieron a pedirle a Samuel que organizara una monarquía: "Constitúyenos ahora un rey para que nos juzgue, como todas las gentes" (1º Samuel 8:5).

Aunque completamente sorprendido con este movimiento que consistía en suplantar la forma teocrática de gobierno llevada a cabo por medio de directores a quienes Dios designaba de manera directa, Samuel recibió instrucciones de parte de Dios de que les cumpliera el gusto. El Señor le explicó que el pueblo no rechazaba su dirección. La gente estaba rechazando a Jehová, puesto que querían ser semejantes a todas las demás naciones circunvecinas. Samuel le dijo fielmente al pueblo todo lo que ellos habrían de esperar de un rey visible. Les dijo que pronto su rey se volvería un autócrata, y que los gobernaría con dureza.

Poco después se extraviaron las asnas de Cís, un hombre de la tribu de Benjamín. Saúl, el hijo de Cís, fué enviado a buscarlas—siendo en ese tiempo como de treinta y cinco años de edad. Después de tres días de buscar sin resultado, Saúl y sus siervos estaban ya para volver a casa, cuando el siervo le sugirió que buscara el consejo del profeta Samuel cuyo hogar estaba cercano, en Ramah. Entre tanto, el Señor le reveló a Samuel que estaba enviándole a su hogar al futuro rey de Israel. Cuando Saúl llegó, Samuel lo honró con una grande fiesta y antes de que saliera al día siguiente, lo ungió secretamente como rey de la nación. Se le dieron a Saúl ciertas señales que probaban que Dios lo había escogido y se le envió a su casa para que esperara allí siete días.

Samuel entonces convocó a toda la nación en Mizpa, pueblecito cercano a Ramah, y que se usaba con frecuencia como lugar para las convocaciones nacionales. Ya aquí, y por suerte, la tribu de Benjamín resultó favorecida de entre las doce tribus, después la casa de Cís, y finalmente Saúl recibió el escogimiento. Pero el joven no estaba por ninguna parte. Se había escondido entre el bagage y con mucha dificultad lo persuadieron a venir. La modestia y el espíritu de timidez en aquellos días tempranos parece ser algo genuino en Saúl. El hecho de que él hubiera cambiado tanto demuestra a las claras el poder degradante del deseo de popularidad.

Cuando el pueblo vió a su nuevo rey, y se dió cuenta de que era el hombre más alto de entre todos los que allí estaban, se agradaron en gran manera. Tenían aquí un hombre de porte real y de una personalidad impresionante. Fueron pocos los que demostraron su falta de satisfacción. Saúl no asumió las prerrogativas reales inmediatamente. Volvió a la casa de su padre, y trabajó allí hasta que vino un ataque sobre el pueblo galaadita de Jabes llevado a cabo por los enemigos de antaño que Israel tenía, los malvados ammonitas. Reuniendo a todos los hombres de pelea de Israel, Saúl ganó una victoria decisiva sobre los ammonitas. La gente lo llevó triunfalmente hacia Gilgal, que era el asiento del templo religioso más antiguo, y fué aquí en donde rindió protesta de su oficio, en tanto que Samuel dejó de ser, por ello mismo, juez de Israel.

2. La Apostasía de Saúl *(1 Samuel 12—16)*.

Tal como lo habían hecho Moisés y Josué, Samuel dijo también un discurso de despedida al pueblo. Revisó la fidelidad de Jehová a través de las generaciones, señalando el hecho de que el pueblo siempre se había apartado de él, y los exhortó a "temer a Jehová y servidle de verdad con todo vuestro corazón" (1º Samuel 12:24). Aun cuando se retiraba de la vida pública, Samuel le aseguró al pueblo que no se olvidaría de ellos. Les dijo, "Lejos sea de mí que pecare yo contra Jehová cesando de rogar por vosotros; antes yo os enseñaré por el camino bueno y derecho" (1º Samuel 12:23). Por cerca de treinta años más, Samuel ejercitó el oficio profético, viviendo hasta darse cuenta, con tristeza, de la apostasía irremediable del primer rey de Israel.

Pronto aparecieron en el carácter de Saúl las debilidades que le llevaron a la ruina. Al principio era sinceramente modesto y reservado. Pero la elevación al poder público le dió un apetito insaciable de popularidad. El resto de la vida de Saúl puede leerse mejor a la luz de su ambición continua por el favor popular. El deseo de que todo el mundo piense bien de uno es correcto y adecuado, pero cuando como en el caso de Saúl, este deseo lleva hacia un compromiso de los ideales supremos de esta vida y de la desobediencia a la voluntad de Dios, se vuelve un pecado capital.

Todo paso que Saúl dió apartándose de la voluntad de Dios, puede encontrar su origen directamente en su concupiscencia de desear demasiada popularidad. Cuando los filisteos volvieron a atacar a Israel y Saúl reunió sus fuerzas para la pelea en Gilgal, en lugar de esperar la llegada de Samuel para que se ofreciera sacrificio, Saúl mismo tomó sobre sí aquello que solamente pertenecía al oficio de sacerdote. A la amonestación que Samuel le hizo, Saúl replicó, "Vi que el pueblo se me iba" (1º Samuel 13:11). Cuando estaban en la batalla, durante la cual Jonathán, el hijo de Saúl, había ganado una victoria completa, el muchacho, sin saberlo, desobedeció una orden pública que su padre había dado. Saúl estaba dispuesto a matar a su hijo antes que permitir que fuera avergonzado delante de la gente. En esta ocasión Saúl no se dió cuenta del sentir popular, y la gente misma le salvó la vida a Jonathán.

La desobediencia de Saúl cuando fué enviado a destruir a los amalecitas se explica también de la misma manera. Cuando Samuel le interrogó acerca de ella, Saúl explicó, "El pueblo tomó el despojo, ovejas y vacas, las primicias del anatema, para sacrificarlas a Jehová" (1º Samuel 15:21). El celo loco que Saúl tenía de David tiene su origen en la misma causa: las mujeres cantaron en la calle, "Saúl hirió sus miles y David sus diez miles" (1º Samuel 18:7).

En vista de que los últimos años de la vida de Saúl están completamente mezclados con la historia de David, su sucesor en el reino, pasaremos entonces al estudio de este último personaje.

David—El Hombre de Dios

(1 Samuel 16—31; 2 Samuel; 1 Crónicas)

La ruina inevitable de la vida de Saúl era aparente. Dios le había rechazado como jefe de una dinastía continua, y a

Samuel se le ordenó que buscara otro sucesor—en esta ocasión en la tribu de Judá. Es así como llega a la historia sagrada uno de los hombres más grandes de todos los tiempos. El secreto de la estatura espiritual de David no debe buscarse, ni con mucho, en el relato histórico, aunque aparece allí en ciertos ejemplos muy notables. El secreto debe encontrarse más bien en aquellos Salmos en donde se manifiesta al desnudo la vida interna de este gran personaje. Dios ve siempre más allá de lo que la apariencia externa demuestra.

La vida de David se ha dividido generalmente en seis épocas principales, mismas que consideraremos aunque sea brevemente.

1. Como Pastorcillo en Bethlehem *(1 Samuel 16—17)*.

Como en el caso de muchos personajes grandiosos y llamados por Dios, David principió su vida como un ranchero en Bethlehem. Siendo el más pequeño de los ocho hijos, su tarea consistía en atender a las ovejas de su padre. La soledad y el peligro ocasional de esta vida sin duda contribuyeron al desarrollo de su carácter—principalmente en lo que se refiere a la habilidad de tocar la lira y de cantar, así como del valor que David tenía en momentos de peligro.

Notamos primero a David, cuando Samuel viajó secretamente hacia Bethlehem, y bajo el disfraz de una fiesta familiar de sacrificio lo ungió como futuro rey de Israel. David aparece después como el músico joven cuya habilidad con el arpa y los cantos, sirvieron para aliviar la depresión maníaca y extrema en que el rey había caído después de que el Espíritu de Jehová se hubo apartado de él. Parece que Saúl iba de alivio y David había vuelto a las ovejas después de un poco de tiempo de divertir al rey.

En seguida aparece en la guerra de los filisteos en que un gigante, Goliath el de la tierra de Gath, se presentó como el campeón de los ejércitos paganos. Goliath era probablemente uno de los de la tierra de Anac (véase Números 13:33 y Josué 11:22), una línea de hombres de alta estatura, a quienes Josué había sacado de Hebrón y que habían tomado refugio entre los filisteos—de aquí el nombre, que significa "destierro."

Enviado con provisiones para sus hermanos mayores que estaban en el ejército, David oyó las amenazas orgullosas y pendencieras de Goliath, y notó con sorpresa el temor que había sobrecogido a todos los del ejército. Cuando Saúl tuvo noticias de la fe y confianza de este joven pastor y después de entrevistarse con él, notó señales de capacidad, le confió el problema. Haciendo a un lado la armadura que Saúl le había conseguido, David tomó sólo su honda y cinco guijarros del arroyo. Algunos han dicho que el desprecio mismo que el gigante sintió por su adversario le costó la vida puesto que hizo su cabeza hacia atrás riendo burlonamente y haciendo que se le cayera el helmete que debió haberle protegido las sienes y la frente. Con una sola pedrada de David el gigante perdió el equilibrio y cayó. El mancebo corrió hacia él, le quitó su propia espada y lo degolló.

2. Como Miembro de la Corte del Rey en Gabaa *(1 Samuel 18—20).*

Saúl había prometido que el que derrotara a Goliath recibiría a su propia hija en matrimonio, y después de haberlo sujetado a un número de pruebas, el rey permitió que David se casara con la hija más joven de nombre Michal. El príncipe Jonathán amaba mucho a David, y recíprocamente, las cualidades de su carácter hicieron que David quisiera a Jonathán con mucho afecto.

Pero el celo demente que habría de causar tanta miseria salió a relucir. Saúl, con o sin razón, sintió que David estaba recibiendo un honor que solamente le pertenecía al rey. Primero, en uno de sus berrinches de depresión maníaca que le vinieron como relapso, Saúl tiró una lanza sobre David mientras éste estaba cerca del rey tocando su arpa. Después, el rey le encargó a David ciertas tareas militares casi imposibles, esperando que muriera en la batalla. Fracasando en esto, envió soldados a la casa de David para que lo mataran. solo que

Michal le salvó la vida por medio de una estratagema muy curiosa. Finalmente, Saúl hizo planes para asegurarse de la muerte de su joven rival en una fiesta de la corte. Siendo advertido por Jonathán, quien se dió cuenta inmediatamente de la futileza de sus intentos para con su padre locamente celoso, David huyó para salvarse la vida.

3. Como Capitán de Guerrilla en el Desierto de Judá (1 Samuel 21—31).

Desesperado e inerme, David huyó primero hacia el santuario en Nob donde había antes depositado la espada de Goliath. Aquí, debido a la bondad de los sacerdotes mal informados, y en respuesta a la mentira de David, hubo una masacre brutal de toda la compañía y la destrucción de su ciudad por mandato del temible Saúl. Sólo Abiatar escapó para reunirse a David siendo así su consejero espiritual durante los años difíciles que sucedieron.

En seguida, el joven perseguido tomó refugio entre los filisteos de Gath. Siendo reconocido como el que había matado a Goliath, se salvó de morir pretendiendo que estaba loco— confiando en el temor oriental por los locos, logró escapar. La cueva de Adullam, cerca de un pequeño pueblo del mismo nombre en el Judá del norte, llegó a ser el siguiente refugio de David. Fué aquí donde se le reunió una compañía de individuos compuesta principalmente de hombres como él, personas al margen de la ley, que se sintieron atraídos por el peligro común. De una compañía de cuatrocientos, el grupo aumentó hasta llegar a seiscientos.

Aunque en peligro constante de ataque repentino por parte de las fuerzas superiores de Saúl, David en dos ocasiones dejó con vida al rey aun cuando bien pudo habérsela quitado. David y sus hombres libraron muchas batallas en contra de pandillas de merodeadores ganando para sí el respeto y la buena voluntad de los campesinos en las fronteras de Judá. Por un poco de tiempo, el grupo de guerreros vivió en paz en Siclag, al suroeste de Hebrón.

Entre tanto, el poder de los filisteos grandemente menos-
cabado después de la derrota de los ejércitos encabezados por
Goliath, principió a fortalecerse. Saúl y sus ejércitos se sentían
atacados continuamente por aquéllos. Al fin, los filisteos reunieron sus fuerzas para llevar a cabo una batalla decisiva. Flan-
queando las regiones más densamente pobladas de Judá y
Efraim, penetraron hasta el corazón de Palestina a través del
valle de Jezreel, o Armagedón, acampando en Sunam. El ya
desesperado Saúl acampó en las llanuras de Gilboa con su
pequeño ejército en comparación con la multitud numérica
de sus enemigos.

En la víspera del conflicto decisivo, Saúl, junto con dos
escuderos personales de su confianza, fué a Endor, la casa
de una mujer que se decía tenía la facultad de hablar con los
muertos. Reconociéndolo por su altura y sus insignias reales,
la mujer tuvo miedo de la venganza del rey por practicar este
arte ilegal. Cuando se le aseguró que nada le pasaría, consintió en usar delante del rey sus facultades prohibidas.

Se han ofrecido muchas interpretaciones acerca de la escena
que tomó lugar en Endor. Algunos suponen que Dios sí permitió que el espíritu de Samuel volviera, que tomara forma,
y que hablara con Saúl. La improbabilidad de esto se ve por
el hecho de que solamente en este caso, en las Escrituras, se
nos presenta el espíritu de un santo ya muerto volviendo a
la tierra para conversar con los vivos. Puede verse a las claras,
que el caso de Elías y de Moisés cuando aparecieron con Cristo
en el monte de la transfiguración no es análogo. Resultaría muy
extraño deveras, si Dios, después de rehusar responder a las
oraciones desesperadas de Saúl por medio de los sueños o de
la profecía, hubiera permitido que su siervo Samuel apare-
ciera precisamente en la casa de una mujer cuya arte demo-
níaca había sido puesta al margen de la ley no solo por mandato
de Dios sino por los códigos civiles de Israel.

Otros, incluyendo a Lutero y a Calvino, han supuesto que
Satanás apareció en la forma de Samuel y conversó con Saúl.
Otros más, quizá con mayor probabilidad, señalan que Saúl re-

conoció a Samuel solamente por la descripción que de él dió la mujer y que es probable que todo aquel acto haya sido una mentira perpetrada por una mujer lista y su cómplice. No se necesitaba ni la inspiración divina ni la satánica para profetizar el resultado de la batalla desigual. Como quiera que haya sido, nada sobrepasa la queja lastimera representada en las palabras de Saúl, "Estoy muy congojado; pues los filisteos pelean contra mí, y Dios se ha apartado de mí, y no me responde más" (1º Samuel 28:15).

Al día siguiente se sucedió la batalla. Privados de la ayuda de Dios que era lo único que realmente podía hacerlos invencibles, los israelitas fueron derrotados por completo. Los tres hijos mayores de Saúl: Jonathán, Abinadab, y Melchisua, fueron muertos y el rey fué herido de muerte. Temiendo quizá la posible tortura y la indignidad que le resultaría de caer vivo en manos de sus enemigos, Saúl le pidió a su escudero que lo matara. El joven rehusó obedecerle por lo que Saúl se echó sobre su propia espada y murió. Después de haber sido mutilados por los filisteos, los cuerpos de Saúl y de sus tres hijos fueron llevados por los hombres valientes de Jabes de Galaad, a quienes Saúl había librado antes, y les dieron honorable sepultura.

4. Como Rey de Judá en Hebrón *(2 Samuel 1—4).*

David recibió noticia de la muerte de Saúl y de Jonathán cuando estaba en Siclag. La noticia le fué llevada por un joven amalecita quien esperaba recibir alguna recompensa de parte de David inventando con mentiras el cuento de que él había matado a Saúl. Le costó mucho su mentira pues David ordenó que lo ejecutaran en el acto, por haber confesado el haber dado muerte al ungido de Jehová.

La tristeza de David al saber la noticia de Saúl y de Jonathán, a quienes amaba tanto, revela claramente la nobleza de su carácter. A pesar de las malas acciones de Saúl, David le amaba y lo honraba como su rey. El amor de Jonathán había sido para él "más maravilloso..... que el amor de las mujeres" (2º Samuel 1:26).

Al oir las noticias de la derrota y la muerte de Saúl, los hombres de Judá vinieron a Hebrón, hacia donde David había llegado junto con su compañía para ungir a David como su rey. Abner, hombre de grandes capacidades, y capitán de los ejércitos de Saúl, puso a Isboseth, otro hijo del rey muerto, como monarca sobre el resto de Israel. David, que a la sazón tenía treinta años de edad, reinó como rey de Judá en Hebrón por siete años y medio.

Durante este período, el poder y prestigio de Isboseth disminuyó grandemente en tanto que el de David aumentó considerablemente. Hubo luchas entre las facciones rivales que resultaron en una guerra civil que David poco se interesó en aplacar. Finalmente, un distanciamiento personal entre Joab, el jefe de los ejércitos de David, y Abner, resultó en la muerte de este último. Mientras negociaban el armisticio, Abner fué muerto traidoramente por Joab, para vengar la muerte del hermano menor de Joab, Azael, acaecida anteriormente en una batalla. Habiéndosele ido su principal apoyo, Isboseth murió ante la espada del asesino. David vengó una vez más la muerte del rey de Israel y honró a Mephiboseth, el hijo paralítico de Jonathán, su amigo.

5. Como Rey de Israel en Jerusalem (2 Samuel 5— 24; 1 Crónicas 11—29).

La muerte de Isboseth marcó el principio de un movimiento espontáneo para coronar a David como rey de Israel. Los ancianos de la tierra se reunieron en Hebrón, en donde formaron una confederación. Uno de los primeros actos de David que demuestran su carácter de estadista consumado, fué la captura de la guarnición de los jebuseos, única que quedaba en Jerusalem. Desde este tiempo, Jerusalem vino a ser la capital de la nación. Su posición estratégica entre el norte y el sur ayudó a establecer sólidamente la unión entre estos dos grupos de tribus que siempre habían vivido separadas.

Los filisteos invadieron Palestina en dos ocasiones durante el reinado de David y en las dos ocasiones resultaron completamente derrotados. Después de la segunda victoria sobre los filisteos, las fuerzas de David invadieron Filistia capturando a Gath y subyugando completamente a estos enemigos hereditarios pues dejaron de ser un problema para Israel por muchos siglos venideros.

Los treinta y tres años que David reinó sobre Israel, se consideran entre los más gloriosos que la nación haya tenido. Una serie de campañas militares vigorosas en contra de los amenazantes vecinos hizo que las fronteras del imperio se extendieran hasta los límites que antes habían sido prometidos a Abraham y a su simiente.

El interés de David en la reforma religiosa hizo que el Arca del Pacto fuera restaurada a su lugar y que llegara a ser el centro de la vida religiosa nacional. Se erigió en Jerusalem un tabernáculo temporal y David hizo planes para la erección de un templo en que residiera permanentemente el arca. Los sacerdotes y levitas se organizaron para llevar adelante el servicio de ritual y adoración. Pero el plan de David de construir el templo no fué llevado a cabo. Dios le envió palabra al rey por medio de Nathán el profeta, de que su hijo sería quien construiría el templo. David había sido hombre de guerra en tanto que su hijo sería hombre de paz. Aun cuando se desilusionó mucho, David se sometió a la voluntad de Dios y se dió a la tarea de reunir los materiales con los que su hijo habría de construir el templo.

El éxito del reinado de este hombre se encuentra amargado por dos episodios trágicos. El primero es el pecado inexcusable de David con Bathseba, esposa de Urías, uno de sus soldados fieles. A fin de cubrir su pecado vergonzoso, David cometió otro--el de dar órdenes de que a Urías se le pusiera en primera línea para que el fuego del enemigo lo matara y el pecado del rey no se descubriera. Tenemos que decir en favor de David que su arrepentimiento fué instantáneo y sincero, una vez que su pecado fué revelado con toda claridad por medio de la amonestación fiel del profeta Nathán. Es cosa comúnmente aceptada, que el Salmo 51 fué escrito en este período de la vida de David.

Sin embargo, el arrepentimiento y el perdón que Dios le dió no salvaron·a David de cosechar el fruto amargo. En primer lugar, perdió al hijo que le había nacido de Bathseba. Después, uno de sus propios hijos, Amnón, deshonró criminalmente a su media hermana Thamar, por lo que fué traidoramente asesinado por Absalón, el tercer hijo del rey.

En seguida, después de un destierro de cinco años, se le permitió a Absalón que volviera a la corte. Comprendiendo quizás que Salomón, el hijo menor de Bathseba, habría de ser el sucesor de David antes que él, Absalón, con toda deliberación, hizo que el corazón del pueblo se rebelara en contra de su padre. Fué tal el éxito que tuvo este intento que en un poco de tiempo Absalón logró retirarse a Hebrón, enarbolar el pendón de la rebelión y recibir el aprecio de la mayoría de la nación.

Cuando David se dió cuenta de la rebelión, huyó desilusionado y acompañado solo por unos cuantos de sus seguidores. Su amigo Husai, pretendiendo lealtad a su nuevo rey, le aconsejó que hiciera lo que probó ser desastroso a la causa de Absalón. Rechazando el consejo más prudente de Achitophel, Absalón reunió un poderoso ejército, salió él mismo al frente de este ejército, e inició la batalla en contra de David.

La dirección novata del ejército no era de compararse con la dirección astuta de los tres capitanes de David: Joab, Abisai, e Ittai. Absalón y su hueste impreparada, atacó las fuerzas de David en las selvas de Efraim, solo para ser miserablemente derrotado. Huyendo en un mulo, el cabello que era el orgullo de Absalón, llegó a ser la causa de su muerte. Habiendo quedado prisionero por su cabellera que se enredó en las ramas de un alcornoque, el príncipe rebelde fué hallado por Joab. A pesar de las órdenes estrictas que David había dado de que la vida de Absalón no fuera tocada, Joab lo mató allí mismo, y ordenó que su cuerpo fuera enterrado bajo un montón de piedras. Al oír las noticias, David lamentó tanto, que Joab tuvo que ayudarle a salir de su estado de depresión a fin de que demostrara un poco de consideración por los sentimientos de su pueblo.

David se encontraba ahora restablecido como rey y desde

entonces, hasta que murió, nadie se opuso a su autoridad. Es verdad que vino una revolución auspiciada por un cierto Seba, de la tribu de Benjamín, pero la revolución fué dominada inmediatamente. Los últimos días de este gran rey estuvieron, sin embargo, marcados por sangre y tristeza. Un cierto censo ilegal causó una plaga y el celo dentro de la misma casa de David evitó que se llevara a cabo el plan de nombrar a Salomón como sucesor.

Finalmente, a los setenta y un años de vida, David murió después de haber reinado por cuarenta años—siete en Hebrón como rey de Judá, y treinta y tres en Jerusalem como rey de Israel.

No es tarea fácil condensar la contribución que el rey David hizo a la vida de su pueblo. El fué el verdadero fundador del reino, cuyo genio en lo que respecta a organización, y cuya visión para el futuro, hicieron mucho para asegurar la estabilidad de la nación bajo el reinado de Salomón su hijo. Su contribución a las edades subsecuentes en los cantos hermosos de alabanzas que compuso, se considerarán después en un capítulo aparte.

Salomón, el Sabio
(1 Reyes 1—11; 2 Crónicas 1—9)

Salomón, el tercer rey del reino unido de Israel, forma en muchos sentidos un contraste admirable con David. Siendo el hijo más pequeño nacido después del casamiento legal de David con Bathseba, fué educado en el esplendor y el lujo de una corte oriental. Su nombre, "pacificador," cumple en todos sentidos el deseo de David de que viniera un período de paz, y su esperanza de un reinado tranquilo bajo su hijo Salomón.

1. La Coronación de Salomón *(1 Reyes 1—3; 2 Crónicas 1)*.

Salomón fué coronado rey poco después de la muerte de David, con el fin de acabar con una rebelión amenazante encabezada por Adonías, uno de los hermanos más jóvenes de Absalón. Al oir las noticias de la ascención de Salomón al trono, Adonías temió por su vida. Salomón le concedió la vida aun cuando solo por un tiempo, pues Adonías murió en uno de sus complots posteriores en contra de la seguridad del rey. Joab también fué muerto por haber tomado parte en el intento de Adonías de llegar a ser rey y Abiathar, el sacerdote que también les había ayudado, fué depuesto de su mando y enviado a la población sacerdotal de Anatoth para que pasara allí el resto de su vida. Semei, que había maldecido a David mientras éste huía de Absalón, violó los términos de su palabra de honor como prisionero, y fué sentenciado a muerte.

El principio del reinado de Salomón estuvo marcado por una devoción hacia la causa de Dios. Aun cuando él principió un curso de acción que más tarde probó ser maligno—el de casarse con una princesa extranjera, la hija del Faraón egipcio—los primeros pocos años de gobierno de Salomón estuvieron marcados por muchas evidencias del favor divino. Durante una fiesta de sacrificios en Gabaón, Dios le apareció al rey en la noche diciéndole que escogiera el don que él prefiriera. El escogimiento del joven rey no fué en favor de riquezas ni en favor de una larga vida sino que se le diera sabiduría para gobernar al pueblo de Dios. Esta sabiduría se manifestó de muchas maneras a través de los cuarenta años de su reinado.

El genio que para la organización se ve en la vida de David estuvo presente de una manera muy especial y más intensamente en Salomón. La reputación de su sabiduría cundió por toda la tierra y muchos vinieron desde lejos para cerciorarse de ello.

2. La Construcción del Templo (*1 Reyes 4—6; 2 Crónicas 2—7*).

El más grande de los éxitos de Salomón fué la construcción del templo, el primer templo permanente de adoración que tuvieron los israelitas. David había reunido cantidades fabulosas de mercancía, dinero, oro, plata, y piedras preciosas, y, la ganancia de muchas empresas comerciales de éxito que Salomón llevó a cabo, aumentaron mucho más su riqueza.

Se contrataron desde Tiro artesanos capaces para que ayudaran en la construcción y el trabajo requirió siete años. Se enviaron treinta mil israelitas a las montañas del Líbano en grupos de diez mil para buscarse madera de la que había en profusión en aquel país. Ciento cincuenta mil de los cananitas que quedaban en la sierra sirvieron como labradores de piedra, y cargadores. El sitio de la estructura fué el monte Moria, precisamente en el lugar donde había estado la era de Araunah en que David había ofrecido sacrificio cuando terminó la plaga en Jerusalem.

El Templo se construyó siguiendo el mismo plan del Tabernáculo, con excepción de que sus dimensiones eran el doble de las de aquél. Se construyó de piedras tan habilidosamente grabadas y arregladas en sus extremos que cada pieza embonaba perfectamente con las demás con una precisión también perfecta. El techo era de vigas y de tablones de cedro, y el piso era de abeto o ciprés. Las dimensiones internas del edificio eran aproximadamente como de noventa pies (sesenta codos) de largo, treinta pies (veinte codos) de ancho y cuarenta y cinco pies (treinta codos) de alto. En altura, la estructura del Templo difería por supuesto de la del Tabernáculo.

Como en el caso del Tabernáculo, el lugar más sagrado del edificio era el Lugar Santísimo, un cuarto interior, un cubo perfecto cuya dimensión era de treinta pies (veinte codos) de cada lado. El espacio que había entre el techo del Lugar Santísimo y el techo del tabernáculo (diez codos) se conocía como las cámaras altas. Dentro del Lugar Santísimo se puso el Arca del Pacto, descansando debajo de las alas de dos querubines colosales de madera de olivo cubiertas de oro. Lo que separaba el Lugar Santísimo del santuario era un compartimiento de cedro forrado con oro y colgado con unos cordones carísimos.

El santuario, que era el Lugar Santo, tenía aproximadamente sesenta pies de largo (cuarenta codos), treinta pies de ancho (veinte codos) y cuarenta y cinco pies de alto (treinta codos). Las ventanas enrejadas que había en su parte superior daban ventilación y permitían que saliera el humo del sacrificio y el incienso. En el santuario se pusieron el altar de incienso forrado de oro, diez candeleros de oro, y diez mesas sobre las cuales se ponía el pan sin levadura—las doce piezas de pan sin levadura tipificaban la bondad constante de Dios para con su pueblo.

Construidos en contra de los lados exterior y posterior del templo que acabamos de describir, había edificios de tres pisos cuyos cuartos estaban ocupados por los sacerdotes, y que se usaban como bodega. Del lado de enfrente había un pórtico bien ornamentado. Rodeando el templo había también dos patios en forma de terraza. El patio superior e interno se conocía como el Atrio de los Sacerdotes, y en él se pusieron el altar de bronce para el sacrificio; un gran lebrillo de bronce que se conocía con el nombre de mar de fundición, que medía quince pies de diámetro y siete pies y medio de alto; y diez lavaderos de bronce usados para lavar los sacrificios que habían de quemarse en el altar. El atrio de afuera y que estaba en un nivel más bajo que el Atrio de los Sacerdotes y del que solo estaba separado por una pared pequeña, se conocía como el Gran Atrio, y en él, a todos se les permitía entrar. A su vez, ese atrio estaba rodeado por una pared que lo separaba de la ciudad.

El templo de Salomón fué la primera y más grande de las tres estructuras que se erigieron en este sitio. Quedó desde el tiempo de su dedicación en el año 960 A.C., hasta que fué destruido por los ejércitos babilonios de Nabucodonosor en el año 586 A.C. o sea como cuatrocientos años más tarde.

3. La Infidelidad de Salomón para con Dios *(1 Reyes 7—11; 2 Crónicas 8—9).*

La escena de la dedicación del templo fué algo en verdad deslumbrante. Siguiendo el precedente que David había dejado, el rey mismo presidió en esta gran convocación religiosa. Se ofreció un gran número de sacrificios, y Salomón hizo una muy hermosa oración de dedicación (2º Crónicas 6). La gloria del Señor apareció y el pueblo oró y alabó a Dios. Después de la dedicación, Dios se apareció a Salomón—dándole una promesa de bendición por causa de su fidelidad, pero advirtiéndole los efectos fatales de la desobediencia y de la rebelión.

El templo fué solamente el primero de muchos proyectos de construcción llevados a cabo por Salomón. Se requirieron treinta años para construir un magnífico palacio que él habría de habitar. Se llevaron a cabo muchas obras públicas. Se construyeron ciudades-bodegas para estimular el intercambio comercial aumentando de esta manera la riqueza del reino.

Es digno de notar también el éxito literario de Salomón que le dió una reputación como naturalista de los que más. Escribió acerca de las plantas, "También disertó de los árboles desde el cedro del Líbano hasta el hisopo que nace en la pared. Asimismo disertó de los animales, de las aves, de los reptiles, y de los peces" (1º Reyes 4:33). Muchos de sus proverbios han sido conservados en el libro de los Proverbios, y son dos los salmos que se cree fueron escritos por él—los Salmos 72 y 127.

Tan notable fué el lujo y magnificencia de su corte real que su reputación llegó hasta Arabia del sur, y la reina de Seba vino para convencerse por ella misma, lo cual, cuando vió, dijo: "He aquí que ni aun la mitad de la grandeza de tu sabiduría me había sido dicha; porque tú sobrepujas la fama que yo había oído" (2º Crónicas 9:6).

Pero en medio de la pompa y de la gloria de este esplendor oriental se sembró la semilla de la disolución. Salomón estableció un harén de grandes proporciones, en el que había mil mujeres entre reinas y concubinas. Muchos de estos matrimonios eran uniones políticas, llevados a cabo para afirmar algún tratado con alguna potencia extranjera. Pero las esposas paganas trajeron consigo sus religiones idólatras y Salomón permitió el establecimiento de altares dedicados a los ídolos a través de toda la nación. El pueblo de Israel, siempre fascinado por los dioses extraños, pronto cayó en la idolatría. Los impuestos tan pesados para sostener las obras públicas se concentraron en una parte del país y por supuesto hicieron que la gente estuviera inquieta en todas las otras regiones del reino. El profeta Ahías fué enviado a Jeroboam, uno de los subalternos de Salomón, para prometerle el reinado sobre las diez tribus debido a que el rey se había apartado de Dios. Jeroboam fué forzado al destierro en Egipto, pero regresó cuando supo la muerte de Salomón.

Como por el año 931 A.C., después de cuarenta años de reinado, Salomón el magnífico murió cuando apenas tenía 60 años de edad. La superestructura espléndida que él había organizado tenía un fundamento inseguro. La deslealtad a Dios había hecho que los fundamentos de la unidad nacional se convirtieran en arenas movedizas.

Capítulo Seis

La Caída del Reino del Norte

Fuentes: 1º Reyes 12—22; 2º Reyes 1—17 (Jonás, Oseas, y Amós, profetas del Reino del Norte y que pertenecen a este período, se considerarán en el capítulo XII).

Periodo: Desde la muerte de Salomón, como por el año 931 a.c., hasta la destrucción de Samaria por los asirios, en el año 721 a.c.

La última porción del libro primero de los Reyes y la primera parte del libro segundo nos dan de manera alternada la historia de los reinos del Norte y del Sur. La porción paralela de 2º Crónicas (capítulos 10—36) da la historia del Reino del Sur solamente.

El Reino del Norte se conoce de varias maneras, como "Israel," "Las Diez Tribus," o "Efraim." Su interesante historia revela casi desde el principio la decadencia y apostasía que terminó en la cautividad y en la extinción nacional.

Desde Jeroboam I, Hasta Joram
(1 Reyes 12—22; 2 Reyes 1—10:11)

La primera parte de la historia de Israel puede delimitarse por la división del reino de Salomón y la muerte de Joram, como por el año 931 a.c. al 842 a.c. o sea como cien años. Durante este período, la idolatría sentó raíces a pesar de los esfuerzos heroicos de individuos como Ahías, Elías, y Eliseo.

1. La División del Reino *(1 Reyes 12—15).*

El reino de Salomón se dividió en dos partes inmediatamente después de su muerte. Jeroboam, uno de sus oficiales subalternos, había dado señales de ambición y capacidad, cosas que habían forzado sobre él un destierro a Egipto. Cuando supo la muerte de Salomón, Jeroboam volvió a su tribu nativa que era Efraim. Cuando la nación se reunió en Sichem, donde había de tomar lugar la coronación de Roboam, hijo de Salomón, Jeroboam encabezó una delegación de las tribus del norte protestando los pesados impuestos que Salomón había ordenado sobre ellos. La amenaza estúpida de Roboam de aumentar los impuestos que ya eran harto onerosos, fué la chispa que originó la explosión que por tanto tiempo había sido preparada. Las diez tribus del norte se dividieron inmediatamente, escogieron a Jeroboam como su rey, y pusieron una capital temporal en Sichem.

Hubo un número de factores que contribuyeron a esta ruptura. En *primer lugar,* tenemos el aislamiento geográfico de Judá, haciendo que la intercomunicación con las otras tribus fuera muy difícil. Judá había asentado en la porción sur de Palestina, y desde la embocadura del Jordán hacia el sur. La porción norte de Palestina era estrictamente montañosa, haciendo que los viajes fueran difíciles y evitando así que la porción mayor del pueblo de Judá careciera de contacto directo con sus vecinos del norte.

En *segundo lugar,* las cargas tan onerosas de los impuestos y los tributos pusieron sobre el pueblo la tarea de sostener los lujos de Salomón y sus muchos proyectos de edificios, lo que por supuesto originó un cierto resentimiento. Este resentimiento fué avivado más por el hecho de que la mayor parte de los edificios se erigieron en Jerusalem, en las fronteras norteñas de Judá. Las demás tribus sintieron que estaban pagando por obras públicas que en nada les beneficiaba a ellos.

En *tercer lugar,* el latente celo de Efraim, la tribu principal del norte, fué un factor que contribuyó a la separación. De hecho, el distanciamiento entre Judá y las tribus del norte apareció primero al tiempo de la muerte de Saúl, cuando Judá puso a David como rey y el resto de la nación se puso del lado de Isboseth. El hecho de que Salomón perteneciera a la tribu de Judá y que hubiera malgastado tanto dinero en construcciones dentro del terreno mismo de Judá, no sirvió para aplacar los sentimientos de este celo que había en las demás tribus.

En *cuarto lugar,* la ambición personal de Jeroboam y la estupidez y terquedad de Roboam fueron factores personales dignos de mencionarse. Desde su encuentro con el profeta Ahías, que había predicho su elevación al poder, Jeroboam había sido cesado por tener ambiciones de gobernar. Sin embargo, una actitud de conciliación y razonamiento de parte de Roboam muy bien pudo haber evitado la revolución.

Finalmente, y antes que nada, la idolatría introducida por Salomón y sus mujeres extranjeras minó completamente la lealtad del pueblo de Dios—quien siempre había sido muy unido. La apostasía religiosa y la desobediencia a la ley de Dios debilitan de una manera inevitable los fundamentos de la unidad nacional.

2. La Dinastía de Jeroboam I.

Sobre el trono de Israel se sentaron tres dinastías o linajes separados de reyes, durante este primer período de su reino independiente. La primera de estas dinastías fué la de Jeroboam I y consistió sólo de su fundador y de su hijo Nadab. Jeroboam gobernó desde el 931 hasta el 910 a.c., o sea un total de veintidós años.

Aun cuando se había dado cuenta de que la predicción del profeta Ahías se cumplió literalmente, Jeroboam no tomó en cuenta la advertencia que se le había dado. Ahías le había asegurado a Jeroboam que si él fuera fiel a Dios, sus hijos también gobernarían a Israel en sucesión ininterrumpida. Quizá hubo un motivo político que influenció a Jeroboam cuando principió su reinado. Temiendo que si la gente fuera a las fiestas anuales del templo de Jerusalem serían convencidos allá para perder su lealtad a su gobierno, el nuevo rey inmediatamente puso dos altos o templos con becerros de oro—uno en Dan en la parte muy al norte y el otro en Bethel, en el sur. Es probable que su plan haya sido el de adorar a Jehová bajo el simbolismo de los becerros de oro, pero el acto fué una violación flagrante del segundo mandamiento y proporcionó evidencia instantánea de la desaprobación divina. También en violación de la ley divina, Jeroboam se instituyó sacerdotes que no eran de la tribu de Leví, sin duda porque eran pocos si es que ninguno, los levitas que consistieron en participar en estas novedades religiosas que él estaba introduciendo. La idolatría establecida por el primer rey persistió a través de toda la historia de la nación puesto que todos los reyes que vinieron después, se dice que "hicieron lo malo ante los ojos de Jehová, andando en el camino de su padre, y en sus pecados con que hizo pecar a Israel" (1º Reyes 15:26, y muchos otros pasajes).

En dos ocasiones Jeroboam fué amonestado por su idolatría —una vez por un profeta de Judá cuyo nombre desconocemos y en otra ocasión por Ahías quien primero le había prometido el reino. Permaneció sin arrepentirse hasta el fin. Cambió la capital desde Sichem hasta Thirsa, un hermoso pueblecito como siete millas al noreste de la antigua capital. Llevó a cabo una guerra intermitente con Judá, y fué derrotado decisivamente por el hijo de Roboam, llamado Abiam.

Nadab, hijo de Jeroboam, ascendió al trono de su padre por un reinado turbulento de menos de dos años. En el año 909 A.C., mientras estaba ocupado en un sitio contra la ciudad filistea de Gibbethón, Baasa, de la tribu de Issachar lo asesinó, mató a toda su familia, y ascendió al trono de Israel en su lugar. Fué así como se cumplió la predicción que Ahías había hecho con respecto a la destrucción completa de la casa de Jeroboam.

3. La Dinastía de Baasa *(1 Reyes 15:27—16:14)*.

El reino de Baasa se extendió por un período de veinticuatro años, durante cuyo tiempo estuvo en constante lucha con Asa, el entonces rey de Judá. Continuó la adoración de los becerros que Jeroboam había instituído y fué amonestado por el profeta Jehú, hijo de Hanani, de que su familia sufriría el mismo destino de Jeroboam.

Casi la misma destrucción que había caído sobre la primera dinastía, cayó sobre la segunda. En el año 886 A.C., murió Baasa, y su hijo Ela apenas había reinado cerca de dos años cuando, durante una orgía, él y toda su familia fueron asesinados por Zimri, comandante de la mitad de los carros. El triunfo de Zimri duró solamente siete días, pues debido a una revolución del ejército pusieron a Omri, el comandante general, como rey. Omri hizo un ataque rápido sobre Thirsa, hacia donde Zimri había retrocedido con la fuerza pequeña con que contaba. Dándose cuenta de lo desesperado de su situación, Zimri puso fuego al palacio y murió entre las llamas.

4. La Dinastía de Omri *(1 Reyes 16:16—2 Reyes 10:11)*.

Cuatro reyes malos formaron esta dinastía: Omri, Achab, Ochozías, y Jehoram o Joram. Omri se confrontó desde el principio con una nación dividida. El ejército le había puesto como rey, pero la mayor parte del pueblo apoyaba a Tibni. Esta lucha civil continuó por casi cinco años, hasta que Omri logró por fin ganar el dominio completo. Omri cambió el centro del gobierno de Thirsa hasta Samaria, cuya ciudad construyó para que le sirviera de capital.

Omri murió como por el año 874, después de reinar doce años como rey de Israel, y fué sucedido por su hijo Achab. Achab es probablemente el monarca más infame que cualquiera nación haya tenido. Se casó con Jezabel la hija de Ethbaal, rey de Sidón; le dió a su mujer de por sí mandona, una combinación extraña de debilidad y maldad, y por su influencia, la adoración a Jehová terminó casi por completo en el Reino del Norte.

Jeroboam y los reyes que le siguieron, no habían intentado acabar con la adoración al verdadero Dios. Los becerros que pusieron y apoyaron, se consideraban como símbolos de la presencia de Jehová. Jezabel y Achab, sin embargo, intentaron con muy buen éxito suplantar la adoración de Jehová con la adoración de Baal. Los profetas de Dios eran aprehendidos sistemáticamente y muertos. Pocos escaparon.

El encuentro de Achab con el gran Elías se considerará en la sección que sigue. El reino fué acechado constantemente por los sirios en el noreste y por la potencia asiria que ya estaba apareciendo amenazante en el horizonte. Achab al fin logró persuadir a Joshaphat, entonces rey de Judá a que participara con él en una expedición que tenía por objeto recapturar los territorios que los sirios le habían quitado. Los profetas de Baal aprobaron esta aventura. Miqueas, el único profeta de Dios que pudieron encontrar, predijo la muerte del rey. Achab trató de echar por tierra toda posibilidad del cumplimiento de la profecía terrible de Miqueas, haciendo que Josaphat se pusiera sus ropas y fuera en su carro en tanto que él se disfrazaba para la batalla. Pero Dios sabía dónde encontrarlo. Cuando un soldado sirio tiró al acaso sobre el ejército enemigo de Israel, la flecha pegó a Achab precisamente en el lugar de la juntura de su armadura. El rey fué trasladado mortalmente herido, a Samaria en su carruaje, en donde murió aquella misma noche. La sangre del carruaje fué lavada en el estanque de la ciudad, y los perros lamieron la sangre de Achab tal como Elías lo había predicho.

Después de la muerte de Achab, su hijo Ochozías ascendió al trono. El hijo probó ser tan maligno como su padre pero su reinado apenas si duró dos años. Se hirió en una caída que sufrió en su palacio y envió mensajeros a Baal-zebub, ídolo de Ekron para investigar el resultado final de su enfermedad. Elías se encontró con los mensajeros y les mandó que volvieran y le dijeran al rey que iba a morir a causa de sus heridas. Ochozías no tenía hijos y el reino pasó a su hermano más joven, Joram.

Joram reinó doce años por todo. Durante su reinado, logró persuadir al rey Josaphat de Judá que le ayudara a conquistar a los moabitas. Como necesitaban agua con desesperación ya que estaban en la región desierta que está al sur del Mar Muerto, Eliseo le dijo a Joram que ordenara que sus soldados cavaran zanjas. La mañana siguiente estas zanjas amanecieron llenas de agua y al caer los rayos del sol sobre el agua parecía como si ésta fuera sangre, cosa que desconcertó a sus enemigos. Creyendo que los aliados se habían dividido y peleado entre sí, los moabitas se apresuraron a apoderarse del botín. Al ser sorprendidos por los israelitas y judíos que esperaban precisamente este ataque, los invasores fueron derrotados con grandes pérdidas.

Así como Elías había jugado un papel muy importante en la vida de Achab, Eliseo jugó también un papel importante en la vida de Joram. Fué a Joram hacia quien el rey de Siria envió a Naamán, su general leproso, para que lo curara. Eliseo pidió que le enviaran al general. El gran profeta le reveló también a Joram los planes de los sirios invasores durante otra guerra. Cuando la capital fué sitiada por Benhadad, rey de Siria y el hambre amenazó al pueblo, Elías predijo la terminación del sitio y la consecuente terminación del hambre.

Pero como en el caso de sus predecesores, Joram murió de una muerte violenta. Al estar convalesciendo de las heridas recibidas en la guerra contra los sirios, el atalaya de Jezreel le avisó a Joram que Jehú, hijo de Nimsi, se acercaba.

Tomando su carro, y acompañado de su sobrino Ochozías rey de Judá, quien estaba visitándole, Joram salió a encontrár a Jehú en el campo que Achab le había quitado a Naboth por muerte. Fué aquí donde Jehú mató a Joram, y tiró su cuerpo en el campo, recordando la predicción que Elías había hecho respecto a la familia de Achab.

5. Elías y Eliseo, Profetas de Jehová.

A través de los años difíciles de la dinastía de Omri, vivieron dos profetas muy notables cuya vida fué testimonio de la fidelidad completa a Dios. A Elías se le conoce sencillamente con el nombre de Tishbita, lo que probablemente significa que nació en el pequeño pueblo de Thisba, en Galilea. Sin embargo, su hogar estaba en Galaad, el territorio al oriente del Jordán que más tarde se conoció con el nombre de Perea.

Elías apareció de improviso precisamente cuando Achab, bajo la influencia de Jezabel, estaba embarcado en su nefando plan de suplantar la adoración de Jehová con la adoración de Baal. Elías, un personaje imponente, vestido con una vestidura sencilla de pelos de camello, y con un cinturón de piel atado a su cintura, le avisó al rey del hambre y la sequía que habrían de venir como castigo por la idolatría del pueblo.

Habiendo tomado refugio en una cueva del arroyo de Cherith, Elías fué alimentado providencialmente por los cuervos. En vista de que los términos hebreos "cuervo" y "árabe" eran originalmente los mismos, algunos han supuesto que fueron unos beduinos los que cuidaron al profeta. La Septuaginta y las versiones hebreas posteriores, sin embargo, implican claramente que la provisión de alimentos se llevó a cabo milagrosamente por los mensajeros alados del cielo. Cuando el arroyo se secó, Elías fué al pueblo de Sarepta donde tanto el profeta como la mujer viuda y su hijo fueron alimentados con la harina de la tinaja y el aceite de la botija.

Tres años más tarde, Elías apareció otra vez a Achab tan de súbito como lo había hecho cuando anunció la sequía. En esta ocasión desafió al rey a que reuniera a los sacerdotes y profetas de Baal para una prueba en el monte Carmelo, que estaba en la parte noroeste del reino, lo más cerca posible del centro original de la adoración de Baal en Tiro y en Sidón. Las reglas que se dieron para esta prueba fueron sencillas. Ambos partidos habrían de ofrecer sacrificios. El Dios que enviara fuego para consumir su sacrificio sería reconocido como el único verdadero. Después de que los baalitas, en número de 850 fracasaron en su intento, Elías reparó el altar de Jehová, mojó el altar con agua (traída probablemente del cercano Metiterráneo) a fin de prevenir fraude y oró a Jehová para que demostrara su poder. El fuego que cayó del cielo no solamente consumió el sacrificio, sino que secó el agua y fundió las piedras del altar. Al mandato de Elías los impostores profetas y sacerdotes de Baal fueron muertos al pie del monte.

Con la promesa que el pueblo había dado acerca de que sería leal a Dios, Elías subió a la cumbre de la montaña otra vez con el fin de orar para que el Señor enviara la lluvia. Después de un tiempo fué estimulado por una pequeña nube que apareció por sobre el Mediterráneo, y aun cuando esta nube apenas tenía el tamaño de una mano de hombre, el profeta de

Dios mandó decir a Achab que regresara a la ciudad antes de que la lluvia se lo evitara. El profeta mismo corrió todo el camino, seguido por el carruaje.

Pero Jezabel se puso furiosa con la destrucción de sus profetas y sacerdotes, y Elías supo las amenazas que en contra de su vida había hecho aquella mujer. Muy desalentado, huyó sin detenerse hasta que llegó al monte Horeb muy al sur de Palestina. Como estaba muy cansado a la vez que desilusionado, se recostó debajo de un enebro y le pidió a Dios que le concediera morir. Pero Dios cuidó de su vaso escogido. En vista de que el profeta estaba completamente cansado por el peso de su problema y los trabajos que había hecho, Dios lo alimentó primero y le permitió que durmiera. Después, Jehová mismo le prometió que iría con él. Habiendo laborado solo por todos aquellos años, se le prometía ahora un amigo y ayudante en la persona de Eliseo. Finalmente, el Señor le dió a Elías otra tarea que él se habría de encargar de ejecutar. Habría de ungir a Hazael rey de Siria, y a Jehú rey de Israel.

Elías apareció una vez más ante el renegado Achab, denunciando la muerte de Naboth a fin de satisfacer el deseo ambicioso que el rey tenía de la viña, y pronunciando la maldición que ya hemos visto cumplida en la muerte de Joram. Elías predijo también la muerte de Ochozías, hijo de Achab, cuando este último había caído en el palacio hiriéndose de muerte.

Elías obtuvo finalmente el honor grandísimo de ser la segunda persona "transportada" al cielo sin haber pasado por "el valle de la sombra de muerte." En compañía de su fiel compañero de años posteriores, Eliseo, el gran profeta pasó al otro lado del Jordán encaminándose al desierto de la parte oriental. Aquí, mientras Eliseo veía, apareció en el cielo un carruaje tirado por caballos de fuego y Elías fué llevado al cielo en un torbellino, habiendo caído su manto sobre su sucesor quien había pedido antes que cayera sobre él una doble porción del espíritu de Elías. De hecho, el espíritu de Elías vino a ser sinónimo entre los judíos del espíritu de la profecía. Fué así como Elías apareció con Moisés en el Monte de la Transfiguración representando el orden profético; y se decía que Juan el Bautista había venido en el poder y en el espíritu de Elías.

Más que ningún otro individuo en el Antiguo Testamento, Eliseo poseyó poder de obrar milagros. Siendo hijo de Saphat, un hombre pudiente que vivía en el valle del Jordán, Eliseo fué llamado a su posición profética cuando Elías puso el manto sobre él al estar arando los campos de su padre. Después de que Elías fué transportado al cielo, Eliseo asumió el oficio profético en lugar de Elías, y fué reconocido como su sucesor por los "hijos de los profetas," jóvenes de la escuela de los profetas en Jericó.

La mayor parte de los milagros de Eliseo, como muchos de los milagros de Jesucristo, fueron simples actos de bondad humana. Fué así como hizo uso del poder divino para sanar las aguas amargas del manantial de Jericó; predijo el éxito de una expedición en contra de los moabitas; hizo aumentar el aceite de la viuda; profetizó también el nacimiento de un hijo a la mujer estéril de Sunam, y más tarde resucitó al muchacho cuando ya había muerto; hizo que el alimento envenenado que estaba en una vasija pudiera comerse; este alimento había sido preparado por los hijos de los profetas en Jericó; alimentó a cien hombres con una cantidad pequeña de alimento; mandó al general Naamán el siro para que se zambullera en las turbias aguas del Jordán a fin de que sanase de su lepra; y recuperó una hacha prestada que se había perdido en el río. Estos, y muchos otros milagros que involucraban conocimiento y potencia, dieron evidencias de que efectivamente había caído sobre Eliseo una doble porción del espíritu de Elías. Aún después de su muerte, había tanta vida en sus huesos que el cuerpo muerto de un israelita quien era conducido a su sepulcro, resucitó con el simple hecho de ponerse en contacto con el esqueleto de Eliseo.

Desde Jehú hasta la Cautividad Asiria
(2 Reyes 10:12—17:41)

Después de la ascensión de Jehú al trono, la idolatría amainó un poco aunque sólo temporalmente pues hasta antes de este tiempo había cundido por todo el Reino del Norte. Los mejores reyes de Israel fueron descendientes de Jehú. Jehú ocupó el trono como por el año 842 a.c. Entre su reinado y la destrucción de la ciudad capital de Samaria en el año 721 a.c., fueron cuatro las dinastías que gobernaron los destinos turbulentos de las diez tribus.

1. La Dinastía de Jehú *(2 Reyes 10:12—15:12)*.

Jehú, a quien se le conoce como el "hijo de Nimsi," para distinguirlo del profeta del mismo nombre, había sido un soldado de Achab. Elías había recibido autoridad para ungirlo rey de Israel en lugar de Achab, pero la comisión no se llevó a cabo sino hasta quince años más tarde cuando Eliseo envió a un joven profeta a Ramoth de Galaad en donde Jehú servía como oficial bajo el ejército de Joram. Cuando los oficiales compañeros supieron la razón de la visita del profeta, prometieron sostener a Jehú en su pretensión al trono. Cabalgando furiosamente hacia Jezreel, Jehú mató a Joram y a Ochozías, rey este último de Judá, que era nieto de los infames Achab y Jezabel. La reina fué echada desde una torre y los perros lamieron su sangre como habían lamido la sangre de su esposo Achab.

Después de exterminar a los descendientes y parientes de Achab que quedaban, Jehú convocó para una gran fiesta a todos los adoradores de Baal. Cuando todos los que habían venido con este propósito llenaron el templo idólatra, Jehú ordenó que sus soldados rodearan el lugar y mataran a toda la multitud. Pero la reforma de Jehú fué más bien en interés de su propia supremacía política, y no con el fin de restaurar la adoración pura de Jehová. Esto se nota en que la adoración de becerros instituída por Jeroboam no fué destruida, y los veintiocho años del reinado de Jehú estuvieron marcados de ejemplos esporádicos de maldad por todas partes. Los ejércitos sirios bajo Hazael amenazaron continuamente a Israel.

Joachaz, hijo de Jehú, estuvo asociado con su padre en lo que respecta a autoridad antes de la muerte de este último. Su período total de reinado fué de diez y siete años, y estuvo marcado por invasiones continuas de parte de los sirios, primero bajo Hazael, y después bajo Ben-hadad III. Las fuerzas de Israel fueron reducidas a un número insignificante. Joachaz, en su desesperación, pidió ayuda de parte de Jehová y la presión de los sirios fué aliviada un poco por los ataques de retaguardia llevados a cabo por la potencia siempre creciente del imperio asirio. Sin embargo, Joachaz anduvo en los caminos de Jeroboam, y permitió que la adoración de los becerros persistiera.

Joas, el hijo de Joachaz, ascendió al trono a la muerte de su padre como por el año 800 a.c. Durante sus diez y seis años de reinado, la fortuna de Israel principió a mejorar notablemente, al menos en apariencia. Aun cuando continuó con la adoración de becerros en Dan y en Bethel, estimó mucho a Eliseo, y cuando el gran profeta estaba para morir, lo visitó en su lecho de muerte. En su guerra contra Judá, Joas derrotó al Reino del Sur, derribó parte de la muralla de Jerusalem y saqueó el templo.

Jeroboam II, su hijo, ascendió al trono real después de la muerte de Joas. Su reinado de cuarenta y un años estuvo marcado por grande prosperidad aparente, y sus fuerzas militares ensancharon los límites del reino a una proporción nunca antes vista. Jonás, Amós, y Oseas, tres de los profetas menores, ministraron en el Reino del Norte durante su reinado. Amós y Oseas pudieron darse cuenta de los menoscabados fundamentos en que la prosperidad del reino se basaba, y profetizaron claramente su colapso final.

La cuarta generación de la familia de Jehú estuvo representada por el tristemente célebre Zacharías, hijo de Jeroboam II, quien reinó solamente seis meses. Se menciona solo por su idolatría y fué muerto en Ibleam, un pueblo no muy distante del mar de Galilea, por Sallum. El mal habido poder de Sallum duró poco tiempo, puesto que un mes después fué asesinado por Manahem, fundador de la quinta dinastía.

2.   La Dinastía de Manahem *(2 Reyes 15:13-26).*

Manahem tuvo diez años tempestuosos y de inseguridad. El rey de Asiria invadió a Palestina del norte. y Manahem extorsionó una gran suma de dinero de los ricos de la tierra para cohechar al invasor. Pekaía su hijo, gobernó por dos años antes de ser asesinado en su palacio de Samaria por uno de sus mismos capitanes, un individuo llamado Peka conocido como el hijo de Remalías.

3. La Dinastía de Peka *(2 Reyes 15:27-30).*

Peka se sostuvo como rey de Israel desde el año 734 hasta el año 730 A.C., durante cuyo tiempo continuó con la adoración idólatra de becerros como los que le habían antecedido en el trono. Durante su reinado, Tiglath-pileser, rey de Asiria, invadió otra vez Palestina, solo que en esta ocasión le quitó a Israel todo su territorio al oriente del Jordán, y una gran parte de Galilea. Esta invasión sucedió mientras Peka estaba dirigiendo una expedición en contra de Jerusalem en alianza con el rey de Siria.

4. La Dinastía de Oseas *(2 Reyes 15:30—17:6).*

Oseas, el último rey de Israel, se apoderó del trono después de matar a Peka, su predecesor, con la ayuda del monarca asirio, Tiglath-pileser. Estuvo en el poder nueve años, desde el 730 hasta el 721 A.C. En el año 727, Salmanasar ocupó el trono de Asiria e invadió otra vez Palestina. Oseas, incapaz de repeler el ataque, le pagó tributo. Sin embargo, pronto pidió ayuda de Egipto en contra de su enemigo poderoso, y creyendo que la ayuda le sería enviada inmediatamente, decidió no continuar pagando el tributo anual. Salmanasar invadió inmediatamente la tierra, puso sitio a Samaria, y después de tres años de continuo luchar, su sucesor, Sargún, capturó la última ciudad de Israel.

Con la captura de Samaria vino a su fin Israel como una nación separada. Los asirios habían principiado la costumbre ruda de deportar grandes porciones de la población de un país cautivo, a su propio terreno despoblado, llenando el vacío en el territorio conquistado con habitantes de su propia nación, y los babilonios continuaron con esta costumbre. Este tratamiento se les daba a todos los que resentían demasiado estar bajo tributo o los que rehusaban hacer el pago de los tributos anuales. La revolución temeraria de Oseas, y la apelación que hizo a los egipcios, provocó la furia incontrolable de los asirios. Una gran multitud de israelitas fué deportada hacia Media y Mesopotamia. Los colonizadores de Asiria vinieron a ocupar sus lugares, mezclándose en matrimonio con la gente de la tierra. Esta mezcla de gentes produjo a los samaritanos, que se mencionan frecuentemente en la historia posterior del Antiguo Testamento así como en el Nuevo.

La deportación de los cautivos a Asiria ha dado origen al mito de las diez tribus "perdidas" de Israel, que, según alegan algunos, migraron hacia el norte por Europa y más tarde llegaron a convertirse en los pueblos anglo-sajones. Por lo que respecta a la Biblia nada carece de mayor fundamento que esta opinión. Cuando el imperio asirio fué absorbido por el poderoso imperio babilonio como cien años después del principio de la cautividad de las diez tribus, los deportados quedaron bajo la misma regla que sus compañeros de tribu en el Reino del Sur. Cuando Ciro extendió su famoso decreto permitiendo el retorno de los deportados a su tierra, lo aplicó a los israelitas así como a todos los judíos y el hecho de que una gran cantidad de éstos aprovecharan el privilegio que se les daba, prueba el aserto del Nuevo Testamento. Así que Ana la profetisa, era de la tribu de Aser (Lucas 2:36). Pablo, al dirigirse a Agripa, habla de los judíos de su tiempo como representantes de las doce tribus (Actos 26:7); y Santiago escribe su epístola a las "doce tribus." Los descendientes de aquellos hebreos que permanecieron en las tierras donde fueron deportados, se conocieron después como los "judíos de la dispersión," y muchos de ellos venían a las fiestas anuales en Jerusalem (Actos 2:9-11), conservando su adoración en la sinagoga dondequiera que ellos vivían.

Así que el destino del Reino del Norte indica el final de la rebelión en contra de Dios. Aunque las diez tribus poseyeron dos veces la población y en tres ocasiones el territorio que Judá tenía junto con la mayor parte de la tierra cultivable, su historia revela los efectos debilitantes del pecado y de la idolatría producidos deliberadamente por su primer rey, Jeroboam hijo de Nabat. Sus fronteras débiles fueron presa fácil de la invasión extranjera. Con el progreso de las grandes potencias del norte y del este, primero Siria y después Asiria, Israel ocupó la posición poco envidiable de "estado muelle" entre las potencias del norte y Judá y Egipto en el sur y oeste.

La cautividad fué el castigo que Dios dió en contra de una nación apóstata. La idolatría, la borrachera, y el libertinaje debilitaron al pueblo. A pesar de las repetidas amonestaciones y del ministerio fiel de profetas grandes, la nación llegó a su ruina, dando testimonio al hecho de que "los malos serán trasladados al infierno, y todas las gentes que se olvidan de Dios."

Capítulo Siete

La Decadencia de Judá

FUENTES: 1º Reyes 12–22; 2º Reyes; 2º Crónicas 10–36. (Isaías, que pertenece a este período se estudiará en el capítulo X. Joel, Miqueas, Nahum y Sofonías, profetas menores de este período, se discutirán en el capítulo XII).

PERIODO: Desde la muerte de Salomón, como por el 931 A.C., hasta la destrucción de Jerusalem por los babilonios, en el 586 A.C.

La historia del Reino del Sur, Judá, cubre un período de casi trescientos cincuenta años, de los cuales, los primeros 200 años corren paralelos a la historia de Israel considerada en el último capítulo.

El nombre "judío" se deriva de Judá, y originalmente determinó al que pertenecía al reino de Judá. Se usó en este sentido, desde 2º Reyes 16:6 en el Antiguo Testamento. Después de la cautividad, se usó para designar a cualquier miembro de la raza hebrea que volvía a Palestina, incluyendo representantes de las diez tribus así como de las de Judá y Benjamín. Finalmente se aplicó a todos los descendientes de Israel, dondequiera que vivieran. En un sentido religioso, puede decirse del que es seguidor del judaísmo, no importa a qué raza pertenezca.

Prosperidad y Peligro
(1 Reyes 12—22; 2 Reyes 1—20; 2 Crónicas 10—32)

En la revuelta de Jeroboam, y las tribus del norte, todo Judá y la mayoría del pueblo de Benjamín permanecieron leales a Roboam, hijo de Salomón, y a la casa de David. David había

117

recibido la promesa de un trono perpetuo y aun cuando la estupidez de su nieto costó al reinado la mayor parte de sus habitantes y la porción más grande de su tierra, no obstante solo hubo una dinastía de reyes desde David hasta la destrucción total de la nación por Nabucodonosor. Durante este período que estamos considerando, diez y nueve reyes y una reina, todos descendientes de David, guiaron los destinos del pueblo de Dios.

Judá ocupó el territorio circundado por el Mar Muerto y la porción inferior del río Jordán en el oriente, la eminencia rocallosa en que Jerusalem se construyó en el norte, el desierto bajo alrededor de Cádes-Barnea en el sur, y los valles costeros del Mediterráneo en el oeste. Los filisteos, sin embargo, nunca fueron exterminados de sus centros en los valles costeros a lo largo del "Mar Grande."

La porción más densamente poblada de Judá estaba en el norte, donde el terreno era muy rocalloso y montañoso. Sin embargo, era muy adecuado para el ganado y el cultivo de viñedos; y en los tiempos antiguos, las colinas pendientes eran cuidadosamente terraplenadas y cultivadas. La porción sureste de la tierra era desierto.

Aunque Israel tuvo muchas ventajas en la división del reino de Salomón, el Reino del Sur no dejó de tener las suyas. Tenía una frontera menos expuesta al enemigo, un tanto protegida por la nación más vulnerable de Israel por el norte, y por las grandes entradas del desierto en el sur. Tuvo una sucesión ininterrumpida de reyes y no fué arruinada por las revoluciones frecuentes que dieron al reino del norte un total de siete dinastías diferentes en 210 años.

Además, la población de Judá era más homogénea y de más resistencia. Los varios siglos de lucha en un ambiente poco benigno habían desarrollado en los hombres de Judá y de Benjamín un carácter recio. Finalmente, el Reino del Sur gozó la ventaja de un centro fijo de adoración y de gobierno, con sus potentes fortificaciones y su hermoso templo. Aun cuando apostataron muchas veces, por lo general las tribus del sur permanecieron leales a Jehová cosa que no sucedió con las tribus del norte.

La institución que Jeroboam hizo de la adoración de becerros contribuyó ventajosamente para Judá aun cuando esta ventaja no fué intencional. La mayor parte de los sacerdotes y levitas rehusaron tener parte y suerte en la idolatría de Israel y por tanto emigraron hacia Judá. Se les unió un gran número de hebreos leales a Jehová, reforzando así a la nación suriana desde el punto de vista espiritual y aún político.

Los trescientos cuarenta y cinco años de la vida nacional de Judá se dividen en cuatro períodos principales, de los cuales, los primeros tres están marcados por una decadencia inicial religiosa y moral seguida de una reforma o avivamiento bajo algún rey notable y espiritual. Daremos alguna consideración a cada uno de estos cuatro períodos, dos en esta sección y dos en la sección siguiente.

1. Desde Roboam Hasta Josaphat *(1 Reyes 12—22; 2 Crónicas 10—20).*

Fueron cuatro reyes los que gobernaron durante el primer ciclo de decadencia y reforma, o sea un total de 81 años.

Aunque era el hijo de un hombre sabio y notable, Roboam demostró una ineptitud grandísima para las responsabilidades que recayeron sobre él a la muerte de Salomón.

Ya hemos visto que su estupidez dió origen a la revolución de las tribus del norte. La primera decisión de Roboam después de la revuelta, fué formar un ejército para hacer que las tribus rebeldes volvieran bajo su dominio. Sólo la protesta del profeta Semeías evitó una inmediata guerra civil. Por fin, Roboam se contentó con fortificar una gran cadena de ciudades a lo largo de la frontera norte de su territorio y con abastecer sus fortalezas.

Quizá estimulado por la división del otrora poderoso reino de David y Salomón, Sisac, Faraón de Egipto, atacó pronto a Judá. Aunque Egipto vino a ser más tarde un factor importante en la política de Palestina, este era el primer contacto entre los dos pueblos desde la salida de Egipto. Debilitado por

119

la división del reino y por su propia caída en la idolatría, Roboam no pudo vencer a su agresor. Muchas de las ciudades de Judá fueron capturadas y Jerusalem, junto con su tesoro del templo fueron saqueados. Se dice que Roboam hizo escudos de bronce para usarse en la adoración del templo en lugar de los escudos de oro que Sisac había robado.

Como por el 916 a.c., después de diez y siete años de reinado, Roboam murió y su hijo Abiam subió al poder. El hijo continuó la guerra esporádica que su padre había comenzado en contra de las tribus del norte, esperando en vano atraerlas al redil. Los efectos debilitantes de este conflicto civil pueden seguirse a través de muchas generaciones en la historia de ambas naciones. Después de tres años en el poder, notables solo por la continuación de la decadencia moral y religiosa iniciada por Roboam, murió Abiam, habiendo pasado el reino a su hijo Asa.

Asa gobernó a Judá por cuarenta y un años, durante la primera parte de cuyo reinado fué celoso en su reforma religiosa. Los altos que se habían construido para los ídolos, se destruyeron; la reina Maacha, hija de Absalón (de hecho abuela de Asa) fué destituída de su oficio, y los que practicaban la prostitución de los hombres fueron echados de la tierra. Aunque el propio corazón de Asa "era perfecto delante de Jehová," muchos de los del pueblo conservaron su práctica idólatra.

Cuando Judá fué invadido por Zera y una gran hueste de guerreros etiopes, Asa llamó a Jehová, quien los libró de manera admirable. Aun cuando el enemigo era altamente superior en número, fué derrotado con grandes pérdidas.

Desgraciadamente, Asa no permaneció leal a Dios. Cuando fué atacado por Baasa, rey de Israel, tomó los tesoros del templo para pagarle a Ben-hadad rey de Siria a fin de que le ay·· lara. Al ser reconvenido por boca del profeta Hanani, de no poner su confianza en Dios, Asa puso al mensajero de Dios en la cárcel. Dos años antes de su muerte, el rey enfermó "de los pies para arriba, y en su enfermedad no buscó a Jehová, sino a los médicos. Y durmió Asa con sus padres" (2º Crónicas 16:12-13).

Josaphat, el hijo mayor de Asa, fué uno de los reyes más buenos que Judá haya tenido. Asociado con su padre a la edad de treinta y cinco años, cinco años antes de la muerte de Asa, Josaphat no perdió el tiempo en proseguir la reforma comenzada años antes por el anciano rey. Hizo posible la instrucción del pueblo en la ley de Jehová, enviando levitas y príncipes para este propósito. Debido a esto Dios prosperó su reinado, y tanto los filisteos como los árabes rindieron tributo a Judá.

Sin embargo, hubo un error serio que consistió en la alianza de Josaphat con Achab rey de Israel. Terminada la hostilidad entre las dos naciones hebreas, Josaphat casó a su hijo con Atalía, la hija de Achab y Jezabel. Esto no solo resultó desastroso para el joven Joram, el hijo en cuestión, sino que casi le costó la vida a Josaphat. Sólo la misericordia de Dios permitió que el rey saliera con vida cuando fué a la batalla en contra de los sirios vestido con la ropa real de Achab. Como se recordará, esta fué la batalla en que murió Achab. Cuando Josaphat volvió a casa, el profeta Jehú, hijo de Hanani, lo amonestó duramente por haberse asociado con el maldito Achab.

Un cierto ataque llevado a cabo por los ammonitas, moabitas y edomitas juntos—éstos eran enemigos de los judíos desde antaño—fué rechazado sin trabar batalla como respuesta a la oración de Josaphat. Una innovación importante en el reinado de este hombre fué el establecimiento de una corte suprema de levitas, sacerdotes, y laicos prominentes en Jerusalem, precursora de lo que habría de llamarse después el sanhedrín. Otra alianza más con Israel dió resultados desastrosos, puesto que una comitiva de barcos mercantes enviada a Tarsis por los dos reyes (Ochozías era ahora rey del Reino del Norte) quedó arruinada. Cuando Joram rey de Israel parecía dar muestras de ser un líder moral, Josaphat se unió a él en un ataque en contra de Moab, con una victoria parcial. Josaphat murió a la edad de sesenta años siendo seguido en el trono por su hijo Joram.

2. Desde Joram Hasta Ezequías *(2 Reyes 8:16—20:21 2 Crónicas 21—32).*

La segunda caída en el pecado y avivamiento de Judá ocupó un período de cerca de ciento sesenta y siete años. Durante este tiempo, ocuparon el trono ocho reyes y una reina.

Los frutos amargos de la alianza de Josaphat con Achab se volvieron aparentes inmediatamente después de la muerte del gran reformador. Atalía era una mujer terca que combinó en sí las peores cualidades de su padre y de su madre. Durante los últimos cinco años del reinado de Josaphat, Joram estuvo asociado con él como regente. A la muerte de Josaphat, el joven rey mató a todos sus hermanos así como a los demás de la casa real que con el tiempo llegarían a amenazar su seguridad.

Incitado por su esposa pagana, Joram restauró los "altos" idólatras por toda la nación e invitó al pueblo a la fornicación y a la maldad. La adversidad no se dejó esperar. Los edomitas se rebelaron y aseguraron su independencia. Los filisteos y los árabes se echaron sobre Jerusalem llevando consigo a toda la familia del rey con excepción del hijo más joven y de la reina Atalía. Por medio de una carta de Elías, Joram fué avisado del desastre personal que vino en forma de una terrible disentería, y que después de dos años le causó su muerte. Fué sepultado en Jerusalem sin que hubiera ni siquiera la menor señal de luto de parte de los vasallos—pero su cuerpo no fué sepultado en el sepulcro de los reyes que le habían precedido, quizá debido a la naturaleza de la enfermedad de la cual murió. A la dad de cuarenta, después de reinar ocho años, Joram agregó su testimonio al axioma de que "la paga del pecado es muerte."

Ochozías, el único hijo superviviente de Joram, tenía veintidós años de edad cuando su padre murió, y reinó solamente un año. Fué con su tío Joram, rey de Israel, a la batalla en contra de los sirios, y perdió su vida en manos de Jehú cuando éste último se vengó sobre la casa de Achab.

Atalía, aprovechando la confusión que resultaba de la muerte de su hijo, trató de apoderarse del trono. Ordenó inmediatamente que los hijos jóvenes de Ochozías fueran muertos, faltándole solo Joas, quien fué rescatado por Josaba, su tía, esposa de Joiada el sumo sacerdote. Por seis años reinó Atalía con mano fuerte, mientras Joas crecía escondido en el templo.

Finalmente, Joiada decidió que había venido el tiempo de dar a conocer a la nación el nuevo puesto del joven Joas. Escogiendo un día de sábado, el sumo sacerdote llamó a los representantes de la nación, reforzó sus guardias hasta los dientes, y les presentó al joven príncipe. Coronaron entonces a Joas con grande aclamación. Al darse cuenta Atalía del ruido, llegó al recinto del templo para investigar, pero atendiendo al mandato de Joiada fué hecha prisionera y muerta.

En vista de que el joven príncipe tenía apenas siete años de edad en el tiempo de su coronación, las cuestiones del estado eran dirigidas por Joiada. Las cosas fueron muy bien mientras este consejero pío vivió. El pacto de servir a Dios fué renovado, y el templo de Baal que Atalía había construido, fué arrasado. El templo de Jehová que había sufrido por causa de la negligencia, fué reparado y restaurado.

Desgraciadamente, después de la muerte de Joiada, Joas se olvidó de su lealtad a Dios. Cuando Zacharías, el hijo de Joiada, reprendió la idolatría del rey y de su pueblo, Joas ordenó la muerte de aquél. Fué apedreado por la multitud en el santuario que se encuentra entre el atrio y el altar.

Las consecuencias inevitables siguieron a la apostasía y crimen de Joas. Los sirios amenazaron a Jerusalem, y fueron cohechados a retirarse por un donativo obtenido con el tesoro del templo. Poco tiempo después Joas enfermó seriamente. Amasías su hijo, se apoderó del trono. En menos de tres años, los siervos de Joas lo asesinaron mientras dormía, en pago por el asesinato de Zacharías. Este rey fué también sepultado en Jerusalem aunque no en el sepulcro de los reyes.

El primer acto de Amasías, consistió en ejecutar a los asesinos de su padre. Al intentar una expedición militar en contra de los edomitas, el rey judío alquiló algunos hombres del Reino del Norte. Amonestado en contra de tal alianza, Amasías envió a los soldados de Israel a casa. Estos se fueron airados, saqueando a su paso las ciudades de Judá. Los judíos procedieron solos la batalla en contra de Edom, y Dios les dió una victoria completa. Amasías trajo con él los ídolos paganos de su enemigo derrotado, y los puso en Jerusalem como sus dioses.

La larga alianza que existía entre los reinos del Norte y del Sur habría de terminar. Amasías provocó en su insensatez, una guerra con su antiguo aliado Israel. Judá fué vilmente derrotado, y Amasías fué hecho prisionero. Su capital fué saqueada, sus fortificaciones quedaron arrasadas, y él fué obligado a comprar su libertad a base de tributo y de rehenes. Sus propios vasallos fomentaron la rebelión en contra suya y el rey huyó hacia Lachis, una ciudad fortificada en los valles de Judea, donde doce años más tarde, él también fué asesinado. Su reino turbulento cubrió un período de veinte y nueve años.

Uzzías (o Azarías, como se le conoce en ocasiones) sucedió a su padre en el trono en Jerusalem y gobernó por veinticuatro años antes de que asegurara finalmente su independencia del Reino del Norte y su soberanía completa. El nuevo rey era hombre de grandes capacidades. Reorganizó el ejército, hizo adelantos en la maquinaria de guerra, ganó victorias notables sobre los filisteos y los árabes, estimuló la agricultura a través de toda la tierra, y recibió tributo de las naciones circunvecinas. En lo personal adoró a Dios, pero la gente siguió con sus altos idólatras.

Como sucedió en el caso de muchos otros, Uzzías no pudo resistir la prosperidad. Se volvió arrogante y presumido, aventurándose hasta a entrar al santuario y ofrecer sacrificios que solamente a los sacerdotes se les permitía ofrecer. Habiendo sido tocado inmediatamente con la lepra, el rey fué obligado a pedirle a Jotham su hijo que trabajara con él como regente. Durante su reinado ocurrió un temblor memorable y en sus últimos años, principió el gran profeta Isaías su ministerio. El reino de Uzzías cubrió un período de poco más de medio siglo.

El reino de Jotham se caracterizó por la continuación de la misma prosperidad aparente que había hecho notable al reino activo de Uzzías. Jotham continuó el programa de obras públicas, construyendo la puerta alta del templo, y trabajando en las murallas de la ciudad. Derrotó a los ammonitas, y recibió tributo de parte de ellos. Durante sus diez y seis años de gobierno, tanto Isaías como Oseas continuaron su ministerio profético. Poco antes de la muerte de Jotham a la edad de cuarenta y un años, la coalición israelita-siria, principió la invasión de Judá.

Achaz, hijo y sucesor de Jotham, fué hecho rey a la edad de veinte años. Aun cuando su padre había adorado personalmente a Jehová, Achaz se entregó a la idolatría. Cuando los ejércitos de Israel y de Siria sitiaron su capital, Isaías le pidió que confiara en Dios y le pidiera su ayuda; pero en lugar de ello, Achaz envió una suma grande del tesoro del templo para buscarse ayuda de parte de los asirios. Cuando el contra ataque de los asirios dió resultado, Achaz fué personalmente a Damasco a pagar lealtad a Tiglath-pileser, el emperador asirio. Fué aquí donde vió un altar pagano que le llamó mucho la atención, y a su retorno a Jerusalem mandó hacer una réplica exacta de este altar y lo puso en lugar del altar metálico del Señor en el templo. Entonces, siguiendo su costumbre característica, el sacrificio diario se ofrecía en el altar pagano; pero el altar de Jehová fué retenido para usarse en tiempos de dificultad (2º Reyes 16: 14-15). Achaz reinó aproximadamente diez y seis años y murió en el mismo año en que Samaria fué destruida por los ejércitos asirios de Sargún, en el año 721 A.C.

Afortunadamente, Ezequías, el hijo de Achaz, fué muy diferente de aquel anciano rey. Asociado con su padre siete años antes de la muerte de éste último, Ezequías demostró desde el principio devoción completa a Jehová. Reparó y limpió el templo, haciendo provisión para la observancia correcta de las ordenanzas. Celebró la pascua con ceremonias adecuadas e invitó no solo a su propio pueblo sino a los del Reino del Norte. Intentó celosamente acabar con la idolatría a través de su reino, destruyendo las imágenes y altos dondequiera que se encontraban. La serpiente de metal que Moisés había hecho en el desierto había venido a ser objeto de adoración falsa, y por eso Ezequías la destruyó también.

Los primeros años del reinado de Ezequías estuvieron marcados por una campaña exitosa en contra de los filisteos. Sin embargo, siete años después de la destrucción de Samaria y del Reino del Norte, los asirios amenazaron otra vez a Palestina, en esta ocasión bajo el mandato de Sennacherib, sirviendo como general de los ejércitos de su padre Sargún. Como por este tiempo, la vida de Ezequías se encontraba en peligro, probablemente por un carbunco, e Isaías fué mensajero de una promesa de sanidad y del aumento de quince años más de vida.

Poco después vinieron mensajeros desde Babilonia para invitar a Judá a que se uniera en confederación contra los asirios, y Ezequías, sin pensarlo mucho, les mostró todos los tesoros de la ciudad y la hermosura del templo. Antes de que los conspiradores pudieran perfeccionar su plan. Sargún dirigió un ataque sutil en contra de ellos—atacándolos por el suroeste de Palestina y por el este hacia Babilonia donde se autoeligió rey.

Cuando Sargún fué asesinado y Sennacherib llegó a ser emperador de Asiria, los estados vasallos se rebelaron. Sennacherib hizo una campaña extensa a través de toda Palestina, y al principio Ezequías le pagó tributo, quitando las murallas del templo mismo para asegurarse de oro para hacer los pagos. Sabiendo que el ejército egipcio se acercaba y temiendo una ciudad completamente fortificada en su retaguardia, Sennacherib envió un ultimátum de rendición a Ezequías. Estimulado por Isaías, Ezequías resistió, y durante la noche vino una plaga misteriosa que cayó sobre el ejército asirio. En una sola noche murieron 185,000 soldados y Sennacherib se retiró a Nínive donde fué asesinado por dos de sus propios hijos. Ezequías llegó al fin de sus quince años prometidos, como por el año 693, y a su muerte ascendió al trono de Judá su hijo Manasés.

Camino Hacia la Ruina
(2 Reyes 21—25; 2 Crónicas 33—36)

El último siglo de la historia de Judá como nación independiente, cubre otro siglo de maldad y de reforma, a la vez que de una degradación final hacia el pecado, de la cual degradación jamás se recuperó. Cada caída en el pecado se hacía más pronunciada, y cada intento de reformarse tuvo menos éxito con el tiempo. La copa de la iniquidad estaba ya rebosando.

1. Desde Manasés Hasta Josías *(2 Reyes 21:23; 2 Crónicas 33—35:19).*

Pronto deshizo Manasés todo el bien que Ezequías había alcanzado durante su reforma. Por tener solo doce años de edad al tiempo de su ascensión al trono, y sin duda bajo la influencia de consejeros malignos, casi desde el principio Manasés reveló su desprecio por el Dios de su padre. Restableció la adoración de Baal, adoró a las estrellas del cielo, erigió altares paganos en el atrio del templo mismo, y persiguió duramente a los que permanecían leales a Dios en oposición a sus innovaciones religiosas. Una cierta tradición informa que el gran Isaías perdió su vida en la persecución religiosa que Manasés desató en contra de los que servían al Señor.

Abandonado por Dios para enfrentarse solo ante las tormentas políticas del cercano oriente, Manasés fué compelido a pagar tributo a Esar-haddón y Ashurbanipal, reyes de Asiria. A la larga fué llevado a Babilonia, donde su completa desolación le hizo volver en sí. Buscó humildemente al Señor, y se arrepintió de su maldad.

Restaurado por el monarca asirio a su reinado, Manasés acabó con los dioses falsos que habían sido su ruina, y buscó resarcir el mal que había hecho. Su reino de cincuenta y cinco años fué el más grande del de todos los reyes de Judá.

Amón su hijo, siguió en los caminos que su padre había tomado al principio de su reinado. El hecho de que su nombre sea el mismo del de un dios egipcio parece señalar al paganismo de su padre durante los años de la juventud de Amón. Su carrera atea duró poco, pues sus propios siervos lo asesinaron dentro de los primeros dos años de su reinado dejando el trono a Josías su hijo que apenas tenía ocho años de edad.

Bajo la bendición del consejo pío de Hilcías, el sumo sacerdote, el joven Josías llevó adelante una extensa reforma de la vida religiosa de su pueblo. Hizo cuanto pudo para echar por tierra los altares de Baal, desecrando los altares paganos al quemar sobre ellos los huesos de los falsos sacerdotes.

El descubrimiento de una copia de la ley de Jehová durante las obras de reparación que se llevaron a cabo en el templo causó una profunda impresión sobre Josías y su pueblo, y los estimuló en su ataque a la idolatría. La purga de la tierra fué llevada hasta los territorios antes ocupados por los del Reino del Norte, aun cuando ahora carecía de habitantes hebreos. Se celebró una gran fiesta de la Pascua, que sobrepasó a todo lo que la nación había visto desde el tiempo de Samuel.

Desgraciadamente, la reforma parece haber sido algo superficial. Jeremías que en este tiempo profetizaba, no la menciona en sus escritos. Josías mismo pronto se involucró con Faraón-Nechao, de Egipto. Nechao marchaba a lo largo del valle costero de Palestina para librar batalla en contra de los asirios. Una vez cogido entre dos fuegos, fué imposible que mantuviera su neutralidad y Josías escogió la causa de los asirios y trabó batalla en contra de Nechao. En la batalla, resultó mortalmente herido. Llevado en un carruaje a la ciudad capital, no bien pronto llegó a Jerusalem cuando murió, y fué sepultado entre las grandes lamentaciones del pueblo. Sólo tenía treinta y nueve años de· edad al tiempo de su muerte prematura y Josías, este último gran rey reformador de Judá, había gobernado por treinta y un años.

2. Desde Joachaz Hasta Sedechías *(2 Reyes 23:26— 25; 2 Crónicas 35:20-36).*

Cuatro reyes débiles siguieron a Josías en sucesión rápida, habiendo conservado el trono dos de ellos por sólo tres meses cada uno. Joachaz, también conocido con el nombre de Sallum, el hijo más joven de Josías, tenía veintitrés años de edad cuando su padre murió. Difería grandemente en los ideales religiosos del gran reformador, pero las tendencias malignas de su carácter no tuvieron tiempo para desarrollarse. Faraón-Nechao, al volver a Egipto tres meses después de su batalla con Josías, depuso a Joachaz, lo llevó encadenado hacia Egipto, y puso a su hermano mayor Joacín en el trono.

Joacín, conocido originalmente como Eliacim, principió su gobierno en el año 608 A.C., cuando apenas tenía veinticinco años de edad. Como el hermano más joven que le antecedió, olvidó a Dios y se entregó a la idolatría. Cuando Jeremías le escribió una profecía y se la envió en forma de rollo, el rey escuchó las primeras tres o cuatro páginas y después, con su cuchillo hizo pedazos el rollo, echándolo en el fuego.

Políticamente, el destino de Palestina estaba íntimamente ligado con los incidentes en la historia de Asiria, Egipto y Babilonia. Asiria había completado la destrucción de Israel en el 721 A.C. Por todo un siglo, Judá sobrevivió por medio de la política de sumisión parcial a Asiria. Sin embargo, en el año 612 A.C., Nínive, la capital asiria, cayó ante la coalición de los babilonios y de los medos. Los egipcios bajo Faraón-Nechao, también atacaron por el oeste. Sin embargo, un remanente de los asirios logró persuadir a Nechao de que Babilonia era su principal peligro y los otrora enemigos unieron sus fuerzas en contra de este nuevo enemigo oriental. Las fuerzas combinadas de Asiria y Egipto fueron derrotadas por Nabucodonosor y sus ejércitos babilonios en Carchemish en el año 605 A.C. Habiendo pagado un tributo pesado a Egipto por tres años, Joacín prometió no muy de su agrado, lealtad a Nabucodonosor. Es así como la cautividad babilónica principia realmente desde el año 605 A.C.

Unos pocos años después, Joacín, que en el fondo era pro-egipcio, se rebeló tontamente en contra de Nabucodonosor a pesar de las repetidas protestas de Jeremías, el gran profeta, quien parecía ser el único que podía medir los resultados que se seguirían de esta política pro-egipcia. Por cuanto estaba ocupado en el oriente, Nabucodonosor no pudo calmar inmediatamente esta rebelión. En el año 597 A.C., murió Joacín habiendo gobernado once años no sin antes los babilonios hubieron entrado a Jerusalem haciéndolo prisionero en cadenas con el propósito decidido de llevárselo a Babilonia. Por alguna cierta razón, el proyecto fué abandonado, y Joaquín su hijo, fué hecho rey.

Joaquín, llamado Jeconías o Conías por Jeremías, principió su reinado con la misma dedicación a la maldad que había caracterizado a sus predecesores inmediatos. Los babilonios inmediatamente sitiaron otra vez a Jerusalem, y después de tres meses capturaron y saquearon la ciudad, llevando consigo al rey y a una gran multitud de nobles, sacerdotes y gente prominente hacia Babilonia como rehenes. Por treinta y siete años, Joaquín fué prisionero en Babilonia. A la larga fué sacado de la prisión y se le dió una pensión de subsistencia por el resto de su vida.

Mientras tanto, en Palestina Nabucodonosor hizo a Sedequías, uno de los hijos de Josías, rey vasallo en lugar de Joaquín. Sedequías desobedeció el consejo de Dios dado por boca de Jeremías siguiendo en los pasos de sus antepasados. En lugar de pedir la ayuda de Jehová, los judíos insistieron en volver su mirada a Egipto.

A la larga, Sedequías decidió principiar una revolución, estimulado por los emisarios de otras naciones vasallas. Nabucodonosor sitió a Jerusalem, levantando este sitio sólo por un poco de tiempo para repeler un ataque de parte del ejército egipcio. Cuando las provisiones de alimentos en la ciudad sitiada hubieron terminado completamente, Sedequías y su ejército evacuaron secretamente la ciudad, dejando la población civil a sus expensas. Sabiendo que el rey y sus soldados habían huído, los babilonios organizaron una persecución inmediata, alcanzando y capturando al rey en la llanura de Jericó. Nabucodonosor había establecido sus cuarteles generales en Ribla de Siria al norte de Damasco. Fué a este lugar a donde llevó a Sedequías, lo juzgó y lo condenó. Sus hijos fueron ejecutados delante de él y después de sacarle los ojos lo enviaron a Babilonia a pasar el resto de su existencia miserable en la prisión.

Mientras tanto, Nabucodonosor decidió acabar con la capital rebelde de la nación judía. Despachó a su general, Nabuzaradán, a que fuera a Jerusalem al frente de un ejército. La indefensa ciudad fué destruída sistemáticamente. El templo que había sido saqueado once años antes fué en esta ocasión quemado y arrasado por completo. Las fortificaciones defensivas de la ciudad quedaron en ruinas, y los palacios y los hogares incendiados. Todos, con excepción de los más pobres de la tierra, fueron llevados en destierro hacia Babilonia, y la ciudad quedó completamente arrasada por medio siglo.

La destrucción de Jerusalem en el año 586 A.C. y la deportación de la mayoría de la población de Judea como colonizadores a una tierra extraña, marca la culminación de una larga serie de castigos en contra de un pueblo idólatra y desobediente. Los intentos inútiles de reformación hechos por Ezequías y Josías, fracasaron en detener el pecado deliberado del pueblo. La copa de la iniquidad había rebosado, principiando con ello el tiempo de los gentiles.

Capítulo Ocho

El Destierro y el Retorno

FUENTES: Esdras, Nehemías y Esther. (Jeremías, Ezequiel, y Daniel que pertenecen a este período, serán considerados en el capítulo XI. Habacuc, Abdías, Haggeo, Zacarías y Malaquías, profetas menores del destierro y del retorno, serán discutidos en el capítulo XII.

PERIODO: Desde la destrucción de Jerusalem en el año 586 A.C. hasta la reconstrucción de las murallas de la ciudad por Nehemías en el año 444 A.C.

El principio de la cautividad babilónica se divide en tres partes. Pasaron exactamente setenta años, de acuerdo con lo predicho por Jeremías (Jeremías 25:11), entre la sumisión de Joacim a Nabucodonosor en el año 605 A.C. que fué la primera parte y el retorno del primer grupo de desterrados encabezados por Jesúa y Zorobabel en el año 536 A.C. La segunda parte en el destierro vino en el año 597 A.C. cuando Joachín y algunos once mil líderes cívicos fueron deportados hacia Babilonia. En el año 586 A.C., tomó lugar la tercera y última parte con la desolación completa de Jerusalem y la deportación de todos los habitantes excepto los más pobres a quienes se les dejó para evitar que el país quedara completamente desierto.

Los Setenta Años

La Biblia nos da muy poca información directa acerca de los eventos de los setenta años de cautividad. Por Ezequiel y Daniel nos damos una idea de las condiciones que prevalecieron entre los desterrados y muchos de los salmos posteriores de este período expresan el deseo que el pueblo tenía de volver a su tierra natal.

1. Antecedentes Políticos.

La historia de Palestina se encuentra completamente ligada con la historia política de los grandes imperios mundiales del cercano oriente. La cuna de la civilización, Asia Menor, fué también el escenario en que se desarrollaron cuatro grandes culturas perfectamente conectadas con el período del Antiguo Testamento. Dos de estas culturas, la de Egipto y la de Asiria, habían alcanzado su cenit y declinaron. Egipto era todavía fuerte, protegido de peligro inminente por causa de su situación geográfica. Asiria, había quedado políticamente absorbida con la organización de una tercera potencia, Babilonia.

El territorio original de Babilonia no era grande puesto que consistía de solo ocho mil millas cuadradas en el extremo oriental de la Mesopotamia, en la región plana que rodea la desembocadura del Tigris y el Eufrates en el extremo superior del Golfo de Persia. También se conoce en el Antiguo Testamento como "La Tierra de los Caldeos" y "Sinar."

Esta tierra fué poblada en el principio por los pueblos semíticos quienes tuvieron un alto nivel de cultura. Ur, la ciudad natal del patriarca Abraham, vino a ser uno de los centros importantes, aunque muy pronto ocupó el segundo lugar con respecto a Babilonia. Hammurabi fué uno de los reyes primitivos más notables de Babilonia.

Cuando Asiria llegó a dominar el mundo de la política, Babilonia se convirtió en estado vasallo, y permaneció como tal hasta por el año 625. En ese año, Nabopolasar fundó la Neo-Babilonia o sea el imperio caldeo y se pronunció en contra de los asirios. Formando una alianza con los medos de más al norte, capturó y destruyó la ciudad de Nínive en el año 612 A.C. El remanente de los ejércitos asirios retrocedió hasta el extremo occidental, y reforzado por Faraón-Nechao de Egipto, intentó resistir a los babilonios quienes estaban ahora bajo el generalato de Nabucodonosor. En el año 605 A.C., las fuerzas asirio-egipcias, fueron echadas completamente de Carchemis y Nabucodonosor persiguió a Faraón-Nechao hasta las fronteras de Egipto mismo, con la ayuda de Judá. Solo las noticias de la muerte de su padre, Nabopolasar, evitaron que Nabucodonosor completara la conquista de Egipto.

Volviéndose rápidamente a su tierra, Nabucodonosor no perdió el tiempo en asegurarse para sí el poder político del imperio caldeo. Durante su largo y brillante reinado de cuarenta y tres años, los babilonios gobernaron la Mesopotamia con mano firme. Nabucodonosor fortificó y embelleció a Babilonia hasta que vino a ser una de las maravillas del mundo. El palacio del emperador se embelleció con muy hermosos jardines colgantes. Según el historiador griego Herodoto, la ciudad estaba protegida por dobles murallas como para formar catorce millas cuadradas. Afuera de la doble muralla corría una acequia llena de agua del Eufrates, y al otro lado de la acequia había otra muralla como de 350 pies de alto y 86 pies de ancho. El río Eufrates corría por enmedio de la ciudad dividiéndola en dos. A lo largo de la orilla del río en ambos lados había malecones para los barcos y detrás de estos malecones había fuertes murallas adicionales. El rey Nabucodonosor pronto fué dominado por el egoísmo y la falsa confianza y Belsasar se sentía muy seguro durante su banquete libertino con un millar de sus lores. Esto era en realidad "Babilonia la Grande."

Nabucodonosor murió en el año 562 A.C., y su hijo Evilmerodach o Amel-Marduc, ocupó el trono. Reinó por dos años hasta que murió en una conspiración encabezada por su cuñado Neriglisar, quien lo destronó y se hizo rey. Neriglisar gobernó por cuatro años; su hijo reinó nueve meses y fué asesinado; y un babilonio nativo de nombre Nabonidus, fué rey en el año 556 A.C., designando a su hijo Belsasar como co-regente. La esposa de Nabonidus y madre de Belsasar parece haber sido hija del gran Nabucodonosor—de aquí que Daniel hablara de Belsasar como hijo (nieto) de Nabucodonosor (Daniel 5:22).

El imperio babilonio se acercaba al fin con pasos gigantescos. Ya hemos visto cómo los medos se habían unido con los babilonios en su lucha en contra de Asiria. Se suscitó una nueva potencia. La potencia naciente de Persia al oriente se unió con la potencia de los medos en el norte. Ciro II, el más ilustre de los monarcas persas, conquistó y se posesionó de Media siendo así el jefe del imperio medo-persa, por el año 550 A.C. En sucesión rápida los persas conquistaron las provincias del norte del Asia Menor, subyugando las colonias griegas a lo largo de la costa egea del Metiterráneo. En el año 539 A.C., Ciro invadió Babilonia, derrotó los ejércitos de Nabonidus, y el general persa Gobrias entró a Babilonia sin librar batalla.

En el año siguiente, Ciro promulgó su famoso decreto que permitía el retorno de los cautivos, a su tierra—dictando órdenes contrarias a la política de los asirios y babilonios. Influenciado por el zoroastrianismo de Persia, el nuevo emperador se formuló una política que consistía en respetar las religiones de los pueblos subyugados, esperando de esta manera estimular su lealtad al imperio. Ciro reinó por diez años después de capturar Babilonia, y a su muerte que sucedió en el año 529 A.C., su hijo Cambises subió al trono. Cambises logró conquistar Egipto, y permaneció allí hasta su muerte que acaeció siete años más tarde.

Darío I ocupó después el trono y extendió el imperio desde India hasta el Danubio, y hacia el oriente hasta Grecia misma. Fué él quien dió el mandato expreso que hizo posible que se terminara de reconstruir el templo de Jerusalem. En su muerte que sucedió en el 486 A.C., su hijo Jerjes I, conocido como Assuero en el libro de Esther, ocupó el trono y reinó hasta que fué asesinado en el 465 A.C. Invadió y conquistó a Egipto, pero fracasó en su intento de subyugar a los griegos. Su hijo y sucesor fué Artajerjes Longimanus, quien permitió que Esdras fuera al frente de una gran multitud de judíos que regresaron a Palestina, cosa que estudiaremos más tarde. Artajerjes reinó cuarenta años por todo, muriendo en el año 424 A.C.

Después de Artajerjes, aproximadamente diez monarcas de menos cataduras gobernaron los destinos de Persia hasta que finalmente cayó ante las huestes triunfantes de Alejandro el Grande y sus ejércitos macedonios. La historia posterior de Persia y el imperio macedonio en su relación a los judíos y a Palestina se consideró por lo regular como parte de la historia del Nuevo Testamento. La historia del Antiguo Testamento tradicionalmente termina como 400 años antes de Cristo.

2. Condiciones Entre los Judíos Durante los Setenta Años.

En algunos sentidos la palabra "cautividad" no describe muy bien el estado de los exiliados durante el período de su estancia en Babilonia. Los monarcas babilonios fueron mucho más suaves en su tratamiento de vasallos que los crueles asirios. Los desterrados eran colonizadores más bien que esclavos. Al principio, pensando que Dios iba a intervenir inmediatamente y a restaurarlos a su tierra prometida, estaban por supuesto muy intranquilos y descontentos.

Sin embargo, una carta de Jeremías y las exhortaciones de Ezequiel y otros profetas, convencieron al pueblo de que su estancia allí había de durar mucho tiempo. Entonces compraron propiedades, se dedicaron al comercio, establecieron sus comunidades religiosas, construyeron sinagogas y prosiguieron una existencia normal. Un gran número de ellos ocupó puestos públicos, elevándose a posiciones envidiables como por ejemplo Daniel, Ananías, Misael, Azarías, Mardoqueo, Esdras, y Nehemías. Como tenían dones naturales para el comercio y vivían en el valle del Eufrates que era rico y activo, por lo general los judíos prosperaron y se enriquecieron. De hecho, tan agradablemente habían vivido, que cuando terminaron los setenta años, solo un pequeño número en proporción a toda la multitud, deseaba emprender el viaje arduo y peligroso y la reconstrucción de una ciudad desolada.

El Retorno a Palestina
(Esdras y Nehemías)

El decreto de Ciro (538 A.C.) hizo posible el retorno de muchos de los desterrados a Palestina. Así como el principio de la cautividad había pasado a través de tres escenas, el retorno

136

estuvo también marcado por tres divisiones distintas. Consideraremos cada una de estas divisiones desde luego.

1. Zorobabel, Jesúa, y la Reconstrucción del Templo (Esdras 1—6).

Poco después de haber corrido la noticia del decreto del emperador, un buen número de judíos principiaron a hacer preparaciones para regresar a la tierra prometida. La perspectiva no era muy estimulante. La mayoría de los que planeaban el viaje habían nacido y crecido en Babilonia y sus provincias adyacentes. El país al que se dirigían había sido sistemáticamente saqueado, sus recursos destruídos, y sus ciudades incendiadas y arrasadas. La capital, Jerusalem, había estado en ruinas por medio siglo y el templo, su gloria culminante, estaba en cenizas.

A pesar de estas cuestiones desalentadoras, casi 50,000 judíos, incluyendo sus siervos, se prepararon para el viaje. Se necesitaba arreglar provisiones y hacerse de fondos. Todo el viaje que tenía como 900 millas por la ruta de las caravanas, era un viaje peligroso y molesto.

Ciro designó a Zorobabel (quien es probablemente el Sesbasar de Esdras 1:8, 11), un príncipe de linaje noble entre los judíos para que fuera gobernador de la colonia que había de establecerse y que por supuesto había de ser una dependencia de Persia. Zorobabel era descendiente directo de David y un ancestro de Jesús. Aun cuando tenía derecho al trono de Judá no tuvo pretensiones reales sino que gobernó sencillamente como oficial del gobierno persa.

Estrechamente asociado con Zorobabel estaba Jesúa, hijo de Jozadac, que como sumo sacerdote ejerció vigilancia sobre la erección inmediata de un altar y la restauración de la adoración a Dios tan pronto como llegaron a Jerusalem. Después de que arreglaron sus casas temporales, el primer proyecto de los desterrados consistió en quitar los escombros y poner el fundamento para la reconstrucción del templo.

Poco después de que el trabajo hubo principiado en la restauración del templo, vino la oposición de parte de los samaritanos que vivían cerca. Ansiosos de obstaculizar el restablecimiento de los judíos en su tierra natal, los samaritanos informaron que los judíos estaban construyendo fortificaciones y haciendo planes para una revuelta. Influenciados por este falso informe, los persas ordenaron que toda construcción se suspendiera, y el trabajo quedó así sin terminar hasta el año 520 A.C.

En aquel año, Darío, que ya era rey de Persia, fué persuadido a examinar los archivos con el fin de determinar si la construcción del templo había sido autorizada. Descubriendo la autorización original por Ciro, el rey mandó a sus gobernantes de las provincias vecinas que ayudaran a suplir los materiales necesarios y a ver que no se obstaculizara más el proyecto. Finalmente el edificio fué completado y listo para su dedicación en el año 515 A.C. o sea veinte años después de que el trabajo había principiado.

Aun cuando fué reconstruido de acuerdo con el mismo plan del templo de Salomón, las dimensiones exactas de esta estructura posterior son desconocidas. Los reconstructores no tenían los recursos financieros suficientes que Salomón había tenido, dependiendo de las ofrendas de buena voluntad del pueblo para proveer el oro y la plata para forrar el interior. El Lugar Santísimo y el santuario estaban separados en el nuevo edificio por un velo en lugar del compartimiento del templo de Salomón. En vista de que el Arca del Pacto había desaparecido, el Lugar Santísimo estaba vacío. En el Lugar Santo, se pusieron un altar de incienso y solo una mesa de pan de ázimos y un candelero de oro. Alrededor en la parte de afuera, como en el caso del templo original, se arreglaron varios cuartos y los patios de afuera quedaron cercados con una balaustrada de madera. La estructura se conoce generalmente como el templo de Zorobabel, para distinguirlo del templo original de Salomón, y de la construcción posterior que se hizo en el mismo lugar por Herodes el Grande.

2. La Gran Reforma de Esdras *(Esdras 7—10)*.

El restablecimiento de los judíos en su tierra no se llevó a cabo sin dificultad. Aun cuando la idolatría no volvió a aparecer entre el pueblo, hicieron alianzas con las gentes no judías que habían ocupado la tierra durante el destierro. Aun muchos de los sacerdotes se casaron con mujeres extranjeras. El resultado fué una tendencia creciente al descuido en la adoración y en la vida religiosa.

Los judíos que habían quedado en Babilonia supieron estas condiciones. En el año 458 A.C., o sea como ochenta años después del retorno bajo Zorobabel, el gran sacerdote y escriba Esdras recibió permiso por Artajerjes Longimanus para encabezar otro grupo de judíos a Palestina e investigar las condiciones morales y religiosas que prevalecían allí. Se le dió autoridad para pedir provisiones y fondos conforme fueran haciéndose necesarios, de parte de los gobernadores persas de las provincias vecinas. Trajo consigo vasos del templo que habían sido removidos por los babilonios y que todavía no se habían regresado.

Como 1,700 hombres acompañaron a Esdras en este cuarto viaje que principió después de mucha oración y ayuno. Al llegar a la capital, el sacerdote encontró confirmación segura de sus temores. Logró, sin embargo, persuadir a la mayor parte de los sacerdotes que se divorciaran de sus mujeres paganas. Permaneció en Jerusalem cuando menos trece años ejecutando probablemente el trabajo importante que la tradición le asigna en conección con la edición y colección de los libros del Canon del Antiguo Testamento. Finalmente se menciona a Esdras relacionándolo con la gran celebración de Nehemías en la fiesta de los tabernáculos que sucedió en el año 444 A.C.

3. Nehemías y la Reconstrucción de las Murallas (Nehemías 1—13).

Nehemías fué uno de los judíos de la dispersión que se había elevado hasta obtener una posición de responsabilidad en la corte de Artajerjes Longimanus, rey de Persia. Sin poder esconder del rey su aflicción al saber la humillación y predicamento de sus paisanos en Judea, Nehemías recibió permiso para ir a Jerusalem. El rey lo designó gobernador de Judá, puesto que Zorobabel había tenido, le dió cartas de recomendación a los gobernantes de otras provincias que habría de tocar en el camino, y le dió una escolta de caballería.

Al llegar a la capital, donde Esdras vivía y trabajaba todavía, Nehemías hizo un viaje de inspección alrededor de las murallas. Llamó después al pueblo para que ayudara en la obra de reconstruir las arruinadas fortificaciones. A pesar de la oposición insidiosa de Samballat, un samaritano, y Tobías, un ammonita, el trabajo siguió y fué terminado en menos de dos meses. Durante parte de este tiempo, los artesanos fueron forzados a trabajar con su trulla en una mano y la espada en la otra para defenderse en contra de cualquier asalto por sorpresa.

Después de terminar la muralla, el nuevo gobernador enfocó su atención a las necesidades religiosas de la gente. El tiempo para la Fiesta de los Tabernáculos había llegado y el pueblo deseaba oir la voz del Señor. En una vasta convocación que desde el tiempo de Josías no se había visto en Jerusalem, Esdras y los demás escribas leyeron y explicaron la ley de Jehová a la congregación. Todos a una estuvieron de acuerdo en renovar su pacto con Dios, especialmente en lo que se refería a separarse de sus vecinos mundanos.

Nehemías permaneció como gobernador por doce años, en cuyo tiempo volvió a Babilonia por un período breve. Se le permitió otra vez volver a Palestina, donde, por lo que podemos deducir de los archivos, pasó el resto de su vida. Las acciones de Nehemías ponen fin al relato histórico del Antiguo Testamento. La historia de Esther, que estudiaremos en seguida y que viene a ser el último de los libros históricos, sucedió antes de la historia de Nehemías.

Un Interludio en Babilonia: La Historia de Esther

(Esther 1—10)

La historia de Esther nos provee un incidente de interés en las condiciones que prevalecían entre los judíos que decidieron permanecer en Babilonia después del retorno de los 50,000 exiliados encabezados por Zorobabel. El lugar de la historia es Susán o Susa, una ciudad real en Elam como a 200 millas al este de Babilonia. La historia principia en el tercer año del reino de Assuero (conocido en la historia como Jerjes) o sea por el año 483 A.C. Jerjes fué el desafortunado rey que intentó una invasión de Grecia, pero cuyos ejércitos fueron derrotados con gran pérdida por los soldados de Hellas. En lo personal, era voluble, sensual, impulsivo, y cruel—cualidades que le adscriben no solamente el libro de Esther sino también la historia secular.

Cuando Vasti su reina rehusó la humillación de exhibición pública ante los borrachos oficiales de Persia, Jerjes con toda petulancia, la puso en seclusión y buscó a otra que tomara su lugar. Entre las mujeres hermosas que trajeron al palacio para recibir la aprobación del rey se encontraba una judía Hadassa, mejor conocida por su nombre persa de Esther, que significa "una estrella." Los padres de Esther habían muerto cuando ella era pequeña y por tanto había sido adoptada por Mardoqueo, su tío, que la había educado como a su propia hija. Esther atrajo inmediatamente la atención del rey y la escogió como reina, probablemente sin darse cuenta de su nacionalidad.

Poco tiempo después, Mardoqueo descubrió una conspiración en contra de la vida de Jerjes, y por conducto de Esther se lo advirtió al rey. Los conspiradores fueron capturados y ejecutados y el incidente quedó bien explicado en las crónicas de la corte. Pronto vino otro peligro de donde menos se esperaba. Mardoqueo se hizo acreedor al odio de Amán, el agageo, un cortesano de Jerjes, poderoso a la vez que ambicioso. Josefo el historiador judío señala la conjetura de que Amán era descendiente del rey amalecita Agag—razón ésta por su odio intenso y su decisión de acabar con los judíos de Persia.

La historia se desarrolla con una claridad dramática. Amán logró persuadir a Jerjes de que firmara un decreto autorizando la destrucción de todos los judíos. Mardoqueo apeló a Esther para que le diera ayuda y después de tres días de orar y ayunar la joven reina decidió poner en práctica una estratagema para lograr su propósito ante el variable Jerjes. Invitando al rey y a Amán a un banquete privado, les pidió que volvieran la noche siguiente. Sin poder dormir durante la noche, Jerjes mandó que le leyeran las crónicas de la corte. El escriba leyó el relato del descubrimiento de Mardoqueo, referente al complot en contra de la vida del rey. Amán, que acababa de llegar al palacio a pedir el privilegio de ejecutar sumariamente a su enemigo Mardoqueo, llegó a tiempo para ser el agente del rey en honrar a aquel a quien más despreciaba.

En el banquete la noche siguiente, Esther dió a conocer al rey el complot que Amán había tramado en contra de su pueblo. La ira del rey fué grande, y Amán pagó con su vida el complot asesino, en la horca misma que había preparado para Mardoqueo. Aunque el decreto original no podía cambiarse—pues que era una "ley de los Medos y los Persas"—se promulgó un edicto suplementario permitiéndoles a los judíos que se defendieran del ataque. Por cuanto todos sabían que estaban bajo la protección del emperador, muy pocos hebreos estuvieron en peligro. Esta gran libertad se celebra todavía por la fiesta judía del Purim, que pronto vino a hacerse muy popular entre el pueblo escogido.

Resultados de la Cautividad

El exilio no dejó de tener algunos valores positivos en la historia del pueblo judío. Notaremos brevemente cuando menos cuatro de ellos.

1. La Diáspora.

La dispersión, pues así se traduce el término griego, significa el inmenso número de judíos que viven en países extranjeros. Tal como lo hemos notado, la mayoría de los deportados habitantes de ambos reinos jamás volvieron a Palestina. Sin embargo, éstos, así como las colonias de judíos palestinos que más tarde hicieron sus hogares con el propósito de dedicarse al comercio, formaron la Diáspora. Dondequiera que iban los apóstoles y evangelistas del primer siglo, encontraban colonias de judíos a quienes por costumbre les predicaban primero el evangelio volviéndose después a los gentiles. Un número vasto de judíos dispersos hizo peregrinaciones hacia Jerusalem para cuando menos una de las tres grandes fiestas anuales, contribuyendo así a cimentar los vínculos de religión y de cultura que han servido para distinguir a los judíos del tiempo presente.

2. La Sinagoga.

Uno de los rasgos más importantes del judaísmo posterior es la sinagoga, cuyo uso principió durante la cautividad. Privados del templo como el lugar para sacrificio y adoración, los judíos construyeron en tierras extranjeras edificios para la instrucción mutua y el compañerismo. Estos eran simples lugares de reunión para la congregación, y aun la colonia más pequeña de hebreos podía construírse una sinagoga y emplear a un escriba que instruyera a los jóvenes. Las comunidades más grandes podían tener un buen número de sinagogas. La sinagoga servía un propósito triple: para adoración, para educación, y para gobierno.

Los servicios de la sinagoga se celebraban generalmente en sábado, y se hacía provisión para la lectura de la ley en los días segundo y quinto de la semana. Había un "príncipe de la sinagoga" encargado de ella y con responsabilidad para hacer las provisiones necesarias para la lectura de la ley y la consecución del servicio de adoración. Con frecuencia se invitaba a un miembro de la congregación o a un dignatario visitante para que leyera y explicara las Escrituras, que se guardaban en una especie de baúl que era el mueble más importante del edificio. En la actualidad, la adoración en la sinagoga se lleva a cabo dondequiera que hay judíos, de la misma manera que se hacía en los tiempos bíblicos.

3. Curación de la Tendencia Idólatra.

La idolatría había sido la causa del destierro y el destierro fué, a su vez, la curación para la idolatría entre los hebreos. Aunque su religión posterior se volvió formal, fría, y legalista, nunca más el pueblo escogido se volvió en masa a la adoración de otros dioses. Aun a gran costo de su parte en persecución y en derramamiento de sangre, los hebreos sostuvieron su lealtad a Jehová.

4. La Esperanza Mesiánica.

Para los detalles de la esperanza de Israel debemos esperarnos hasta el estudio de los profetas. Basta notar aquí que los eventos del destierro y las desilusiones de la restauración, llevaron hacia una intensificación del espíritu de esperanza con que la gente buscaba a un libertador. El término "Mesías" significa el "Ungido," y es el equivalente aramaico del término griego "Cristo."

Hay dos aspectos de la esperanza mesiánica del Antiguo Testamento posterior. Involucra primero, la restauración de la gente como nación y el cumplimiento de las promesas de Dios a Abraham, a Moisés, y a David. Pero más importante quizá, los destinos nacionales del pueblo escogido dependían de la venida de un "Hijo," un "Vástago o Retoño," un "Rey," un "Refinador y Purificador de Jacob," el "Ungido." En El, el Siervo Sufriente del capítulo cincuenta y tres de Isaías, descansaban todas las esperanzas de la nación.

Capítulo Nueve

Los Poetas y Filósofos del Antiguo Testamento

FUENTES: Job, Salmos, Proverbios, Eclesiastés, Cantar de los Cantares.

PERIODO: Aproximadamente desde el siglo XI hasta el siglo V antes de Cristo.

En nuestras Biblias en castellano, la tercera división principal del Antiguo Testamento se compone de cinco libros muy importantes conocidos como los libros Poéticos y de la Sabiduría. Consideraremos ahora estos grandes libros y el lugar que tenían en la revelación de Dios a la humanidad.

Poesía Hebrea

El profundo sentimiento religioso siempre ha encontrado expresión en la imaginación y el canto poético. El lugar que los himnos juegan en la vida religiosa de nuestro tiempo prueba este hecho importante. La poesía entre los hebreos era una arte muy antigua, y jugó una parte vital en el desarrollo de la fe en el Antiguo Testamento. Aunque la poesía hebrea alcanzó su punto culminante en David y los salmistas de su día y del tiempo posterior, se encuentran desde mucho antes ejemplos notables de expresión poética.

La Lamentación de Lamech (Génesis 4:23-24) es la primera porción de poesía que encontramos en el Antiguo Testamento y que data de siglos antes del diluvio. La profecía de Noé (Génesis 9:25-27, se expresó en forma poética. La bendición de Isaac (Génesis 27:27-29, 39-40) dada a sus dos hijos, se eleva a las alturas del canto poético. Las predicciones de Jacob respecto al futuro y que presentó a sus doce hijos y los descendientes de ellos (Génesis 49:2-27) son ricos en sentimiento y expresión poéticos.

El cántico de Moisés y de María (Exodo 15:1-18, 21) es un himno hermoso que contiene palabras usadas más tarde en los salmos:

> Jehová es mi fortaleza, y mi canción,
> Y hame sido por salud:
> Este es mi Dios, y a éste engrandeceré;
> Dios de mi Padre y a éste ensalzaré (verso 2).

Se le da también a Moisés el crédito de haber escrito uno de los salmos (Salmos 90). Las palabras de Balaam, cuando trató en vano de maldecir a los hijos de Israel dándoles bendiciones en lugar de castigo, se pusieron en forma poética (véanse Números 23:7-10, 18-24; 24:3-9, 15-24). La despedida de Moisés (Deuteronomio 32:1—33:29) es un cántico hermoso. El mandato de Josué al sol (Josué 10:12-13) es poesía, como también lo es el triunfo de Débora y Barac (Jueces 5:2-31). La oración de Anna (1º Samuel 2:1-10) es una poesía de belleza inigualable:

> Mi corazón se regocija en Jehová,
> Mi cuerno es ensalzado en Jehová;
> Mi boca se ensanchó sobre mis enemigos,
> Por cuanto me alegré en tu salud.
> No hay santo como Jehová:
> Porque no hay ninguno fuera de Tí;
> Y no hay refugio como el Dios nuestro (versos 1-2).

No solamente hay pasajes de un poder poético raro en el pentateuco y en los libros históricos, sino que muchos de los libros proféticos también contienen pasajes que llevan la forma típica poética de los hebreos. El Salmo de Ezequías (Isaías 38:10-20), las Lamentaciones de Jeremías (Lamentaciones), la Oración de Jonás (Jonás 2:2-9), y la Oración de Habacuc (Habacuc 3:2-19) son ejemplos muy correctos. Los pasajes en que la prosa se eleva a las alturas de la imaginación poética hermosa son también demasiado numerosos para citarse.

1. Forma Poética Hebrea.

La característica distintiva de la forma poética hebrea se conoce como el paralelismo. en el que se encuentra un ritmo de pensamiento antes que rima y metro. El hecho de que la poesía en la Biblia se caracterice por esta forma antes que por las limitaciones de sonido más artificiales, significa que no ha perdido nada de su belleza original y énfasis en la traducción. La poesía como la nuestra no puede traducise en otros idiomas sin que sea completamente modificada, de aquí que el ritmo de pensamiento de la poesía hebrea sea tan significativo en la traducción como lo fué en su lenguaje original.

El paralelismo más frecuente es el de dos líneas conocidas como el *distich*. Hay varios tipos básicos de paralelismo, de los cuales los más importantes son:

(a) *El Paralelismo Sinónimo*. En esta forma, la segunda línea extiende o explica a la primera, diciendo virtualmente lo mismo, aunque en otras palabras. Esta es la forma más frecuente de paralelismo y puede notarse bien en los siguientes ejemplos:

Los cielos cuentan la gloria de Dios;
Y la expansión denuncia la obra de sus manos (Salmos 19:1).

Hada y Zilla, oid mi voz
Mujeres de Lamech, escuchad mi dicho:
Que varón matare por mi herida,
Y mancebo por mi golpe (Génesis 4:23).

Los carros de Faraón y a su ejército echó en la mar;
Y sus escogidos príncipes fueron hundidos en el mar Bermejo (Exodo 15:4).

(b) *El Paralelismo Analítico*. En este caso, la segunda línea nos da una consecuencia de la primera. Las implicaciones señaladas en la primera línea tienen su resultado y se explican en la segunda.

Jehová es mi pastor;
Nada me faltará (Salmos 23:1).

El es la Roca, cuya obra es perfecta,
Porque todos sus caminos son rectitud (Deuteronomio 32:4).

Mi parte es Jehová, dijo mi alma;
Por tanto en él esperaré (Lamentaciones 3:24).

(c) *El Paralelismo Sintético o Constructivo*. En esta forma de paralelismo, parte de la primera línea se amplifica o explica en la segunda. Así que solamente una parte de la primera declaración tiene su paralelo en la segunda y eso, en forma de explicación.

> Bienaventurado el hombre que teme a Jehová,
> Y en sus mandamientos se deleita en gran manera (Salmos 112:1).

> Yo sé que mi Redentor vive,
> Y al fin se levantará sobre el polvo (Job 19:25).

> El Eterno Dios es tu refugio,
> Y acá abajo los brazos eternos (Deuteronomio 33:27).

(d) *El Paralelismo de Clímax.* En esta forma, se repite la misma palabra para énfasis, formando así una culminación de intensidad en el pensamiento. Un clímax sencillo puede extenderse a través de dos o más *distiches.*

> Alzaron los ríos, oh Jehová,
> Alzaron los ríos su sonido;
> Alzaron los ríos sus ondas.
> Jehová en las alturas es más poderoso
> Que el estruendo de las muchas aguas
> Más que las recias ondas de la mar (Salmos 93:3-4).

> Tu diestra, oh Jehová, ha sido magnificada en fortaleza;
> Tu diestra, oh Jehová, ha quebrantado al enemigo (Exodo 15:6)

> Alzad, oh puertas, vuestras cabezas,
> Y alzaos vosotras, puertas eternas,
> Y entrará el rey de gloria.
> ¿Quién es este rey de gloria?
> Jehová el fuerte y valiente,
> Jehová el poderoso en batalla.

> Alzad, oh puertas, vuestras cabezas,
> Y alzaos vosotras, puertas eternas,
> Y entrará el rey de gloria.
> ¿Quién es este rey de gloria?
> Jehová de los ejércitos,
> El es el Rey de la gloria (Salmos 24:7-10).

(e) *El Paralelismo Antitético* es muy frecuente. En este caso, la segunda línea expresa una idea de contraste, o un antítesis, a la primera.

> Porque Jehová conoce el camino de los justos;
> Mas la senda de los malos perecerá (Salmos 1:6).

> Todos los caminos del hombre son limpios en su opinión:
> Mas Jehová pesa los espíritus (Proverbios 16:2).

La justicia engrandece a la nación:
Mas el pecado es afrenta de las naciones (Proverbios 14:34).

(f) *El Paralelo Triple.* Aunque el *distich,* o verso de dos líneas es la forma básica, frecuentemente se encuentran unidades de tres líneas o *tristiches.* Ocasionalmente, ocurre un verso de muchas líneas con cuatro y hasta cinco líneas palalelas.

Bienaventurado el varón que no anduvo en consejos de malos,
Ni estuvo en camino de pecadores,
Ni en silla de escarnecedores se ha sentado (Salmos 1:1).

Porque el sepulcro no te celebrará,
Ni te alabará la muerte;
Ni los que descienden al hoyo esperarán tu verdad (Isaías 38:18).

Subiste a lo alto,
Cautivaste la cautividad,
Tomaste dones para los hombres (Salmos 68:18).

(g) *El Doble Paralelismo* da también testimonio a la flexibilidad de la forma básica. En este caso, dos *distiches* se arreglan de tal manera que las líneas corresponden entre sí en cada paralelo.

Porque como la altura de los cielos sobre la tierra,
Engrandeció su misericordia sobre los que le temen.
Cuanto está lejos el oriente del occidente,
Hizo alejar de nosotros nuestras rebeliones (Salmos 103:11-12).

Allí los impíos dejan el perturbar,
Y allí descansan los de cansadas fuerzas.
Allí así mismo reposan los cautivos;
No oyen la voz del exactor (Job 3:17-18).

2. Tipos Principales de Poesía Hebrea.

Hay tres tipos principales de poesía hebrea que merecen mencionarse. El más frecuente y más querido es el lírico familiar, o tipo de cántico. Los Salmos son poesía lírica y la mayor parte de los pasajes poéticos de los libros históricos y de las profecías son líricos. Aun cuando ya existía la poesía lírica desde antes de Moisés, la forma aumentó en belleza y en sensibilidad, hasta que llegó a su punto culminante con David, "el cantor más dulce de Israel," después de cuyo tiempo declinó gradualmente.

En segundo lugar, hay lo que se llama poesía gnómica o

didáctica, el tipo que ·se usa para la enseñanza. Proverbios y Eclesiastés son ejemplos muy adecuados. Así como el lírico es la expresión del deseo del poeta de comunicar sus sentimientos, el didáctico es la expresión de su deseo de instruir. La poesía didáctica del Antiguo Testamento no se interesa en las cadenas abstractas del razonamiento, más bien es la expresión de las observaciones de la vida, de las intuiciones hacia el deber y del orden moral del universo.

Finalmente, el tipo dramático de poesía se encuentra en Job y probablemente en el Cantar de los Cantares. En los libros dramáticos del Antiguo Testamento, la acción es un movimiento de ideas antes que de personas y eventos. El argumento se provee por un juego de pensamientos. No hay pues, necesidad de escenarios o arreglos externos.

Filosofía Hebrea

La filosofía, o como se le ha llamado, la sabiduría, es muy diferente entre los hebreos de la que encontramos entre los griegos y en el mundo occidental. Para los griegos, lo ideal es el hombre del pensamiento, de la razón. El filósofo es un lógico. Para los hebreos, el ideal es el hombre de visión, de intuición. El filósofo es el vidente. El racionalismo ha sido el énfasis predominante de la filosofía del occidente en tanto que el intuicionalismo fué el énfasis de la filosofía del oriente.

La sabiduría era una de las tres secciones del conocimiento entre los judíos. Las otras dos eran la ley y la profecía, que dependían de la revelación divina. La sabiduría, sin embargo, tenía que ver con las reflecciones o pensamientos e intuiciones de las relaciones del hombre para con sus semejantes, para con Dios, y para con la ley moral. Aun cuando era motivada por la religión y centralizada en Dios, no obstante, trató de señalar a los hombres de pensamiento el significado de la vida, y de justificar los senderos de Dios para con la raza humana.

La filosofía griega principió en una atmósfera de reacción a causa de la ya ·decadente religión que había acabado con el respeto de la gente erudita. Estaba interesada al principio en el

150

intento por descubrir la base natural para la vida y para la existencia. Por el otro lado, la filosofía hebrea, estaba antes, después y siempre, interesada en el desarrollo de los postulados del punto de vista religioso del mundo y del propósito de su existencia. La metafísica, o sea las teorías acerca de la naturaleza de la realidad, caracterizó al pensamiento occidental y griego. La ética, con su interés profundo en la vida moral, fué el interés principal de la intuición oriental y hebrea.

Aun cuando la razón era el método de la filosofía griega, y la argumentación su forma; la intuición era el método de la sabiduría hebrea y el proverbio epigramático su forma. El sabio judío no tenía argumento que sostener, ni cadenas de razonamiento que seguir. Presenta su verdad con la seguridad sencilla de que la ha visto. Platón arguye mucho la verdad de la inmortalidad en su Phaedo; no obstante Job dice con completa certeza:

Yo sé que mi redentor vive,
Y al fin se levantará sobre el polvo:
Y después de deshecha esta mi piel,
Aun he de ver en mi carne a Dios;
Al cual yo tengo de ver por mí,
Y mis ojos lo verán y no otro.
Aunque mis riñones se consuman dentro de mí (Job 19:25-27).

Job—El Problema del Sufrimiento Humano

Una de las grandes paradojas del mundo moral es el hecho de que la gente buena e inocente con frecuencia sufre, en tanto que en muchas ocasiones los malos parecen prosperar y escapar las desgracias. Este problema recibió uno de los primeros, y de paso, uno de los más satisfactorios tratamientos, en el libro de Job.

Tal como se ha indicado, el libro de Job está en forma de un poema dramático. Los primeros dos capítulos forman un prólogo de prosa, y el último capítulo está también en prosa, un epílogo. El fondo del poema es la edad patriarcal, en la tierra de Uz, que era probablemente la región desierta de Siria, al sur de Damasco y al noroeste de Palestina. La referencia en el capítulo uno a las bandas de guerrillas de los sabeos y caldeos parecen poner el drama en el tiempo de Abraham, Isaac y Jacob. Aunque nada se conoce con relación a la autoridad humana del libro de Job, parece que fué escrito mucho tiempo después—quizá como por el final del período de la cautividad.

La forma de la religión en el libro, es patriarcal, y no hay rasgos de ninguna de las ordenanzas religiosas que fueron establecidas después de la promulgación de la ley en el Sinaí. Si la referencia a Uz ha de considerarse como indicación del origen de Job, entonces él estaba relacionado con la familia de Abraham, siendo descendiente de Nachor, abuelo de este patriarca.

La acción del libro, que es incidental a su propósito principal, origina del reto hecho por Satanás respecto a que la rectitud de Job era puramente utilitaria, que Job servía a Dios solamente por causa de lo que Dios hacía por él. Las pruebas por las que pasó el patriarca, cuyas razones desconocía, fueron inflingidas por Satanás con el fin de hacer que Job perdiera su confianza en Dios y por tanto su integridad de espíritu. Estas, Job las sostuvo, a pesar de que se le quitó todo lo que antes había gozado en su hogar y en su vida.

El propósito real del libro sale en la conversación suscitada entre Job y sus supuestos "consoladores," tres sabios amigos suyos. Adam Clarke declara lo siguiente (Introducción a Job en su Comentario) :

> Todos estos puntos aparecerán con claridad meridiana a todo lector atento de este libro y a los tales se les dará respuesta adecuada; aprenderán que Dios sigue por dondequiera su manera de obrar: que los malvados, aun cuando en posesión del gobierno temporal, no tendrán un fin próspero y feliz; que los justos, aunque oprimidos por el sufrimiento y la desgracia, nunca quedan olvidados de Aquel en cuyas manos descansan sus santos, y para quien sus vidas son preciosas; que en este mundo ni los malos reciben su castigo final, ni los justos su recompensa última; que los juicios de Dios son profundos y sus sendas difíciles de explicar; pero el propósito de todos ellos es glorificar su sabiduría y gracia y la felicidad de los que en El confían. Este es el grandioso designio que se revelará con gran evidencia al lector más sencillo e iletrado ; o corazón está bien con Dios y busca su ordenanza a fin de glorificar mejor a su Hacedor, recibiendo y haciendo el bien.

Las conversaciones se suceden en tres ciclos principales de discurso: En el capítulo 3, se nos da el lamento de Job en su miseria. En los capítulos del 4 al 14, se nos revela el primer ciclo de discursos. Primero habla Eliphaz, después Job responde. En seguida, Bildad habla; después Job. Finalmente, habla Sophar y después le responde Job. El segundo ciclo de discursos con los mismos oradores y en el mismo orden se relata en los capítulos del 15 al 21. En el tercer ciclo, los capítulos del 22 al 27, Eliphaz y Bildad hablan y después Job responde: Sophar nada dice. En los capítulos del 28 al 31, Job hace una declaración final de su caso.

El argumento de los tres "consoladores" se basa en la teoría de que siempre hay una relación exacta e invariable entre el pecado y el sufrimiento. La proposición, "todo el que peca debe sufrir," a lo que Job asiente, ha sido malamente cambiada por estos individuos en la proposición carente de lógica "todos los que sufren han pecado." Job está sufriendo, por tanto Job ha pecado. Este argumento es tan falso como para argüir que en vista de que todos los perros tienen cola, por tanto todos los animales con cola son perros y alguna bestia en particular que tenga cola es por tanto un perro.

Job reconoció la mano de Dios en sus aflicciones, pero sostuvo indómitamente que no se había apartado de su integridad. A medida que se suceden las cosas, tiene más seguridad en el punto de vista de que solo una vida futura puede reinvindicar completamente los caminos de Dios para con el hombre. El hombre no puede comprender los caminos de Dios, dice; pero la destrucción llegará tarde o temprano al malvado. La sabiduría, cuyas alabanzas se cantan con una belleza inigualable en el capítulo 28, consiste en el temor de Jehová y en apartarse del mal.

Eliú, un joven que no se había presentado antes, pero que había estado escuchando las discusiones, viene a la palestra con el punto de vista de que aunque la calamidad aceche a todo hombre, viene con el propósito de modelar mejor su carácter y que si se acepta en el espíritu correcto, pronto desaparecerá. El discurso de Eliú puede considerarse como una preparación para la teofanía de los capítulos 38 al 41, en que Dios habla desde el torbellino, y le demuestra a Job que sus pruebas son demasiado difíciles para la comprensión del hombre debido a la inteligencia finita de éste. En el epílogo, la propiedad y la familia de Job son restauradas, y su fe y confianza en medio de la prueba son reivindicadas por completo.

Hacemos una lista de algunas de las grandes lecciones que habrá que aprender del libro de Job. Son importantes e inmortales para hoy como lo fueron en la edad en que el drama fué escrito:

(a) El propósito del sufrimiento humano no es siempre evidente al que sufre ni a los que ven este sufrimiento.

(b) El sufrimiento bien puede beneficiar al que sufre. Puede transmutar el plomo de su carácter en oro puro.

(c) El problema del sufrimiento es insoluble dentro de los límites de esta vida. Debe considerarse a la luz de las compensaciones y los ajustes de la eternidad.

(d) La perfección del carácter moral es compatible con la mala interpretación, las sospechas, la mala salud, la pobreza, y la luz parcial. Job era perfecto delante de Jehová, no obstante, fué mal interpretado por los hombres quienes sospechaban de él, sufrió de mala salud y pobreza y solo tenía una revelación parcial de la voluntad de Dios.

(e) El sufrimiento de sus santos prueba la gracia sustentadora de Dios.

Salmos—El Himnario Hebreo

El título hebreo de este libro es "Alabanzas." El término "Salmo" viene del griego, y originalmente significaba la música de un instrumento de cuerda, o más generalmente, un cántico. La colección tal como la tenemos en la actualidad en nuestro Antiguo Testamento probablemente constituyó el himnario del segundo templo.

Del total de ciento cincuenta salmos en la colección, cincuenta de ellos se conocen como salmos "huérfanos;" esto es, que el nombre del compositor es desconocido. Setenta y tres de los del grupo se atribuyen a David en los títulos. Estos títulos, aunque al principio no formaron parte de los salmos, son muy antiguos y probablemente correctos. Asaph, que era el director del coro de David, recibe crédito por doce de los salmos. A los hijos de Coré, un grupo notable de cantores durante el tiempo de David, se les atribuye once salmos, y Heman, uno de los de su número, con un salmo adicional, el salmo 80. Jeduthun escribió tres, a Salomón se le atribuyen dos (el 72, y 127), Ethan escribió uno, y el salmo 90 se atribuye a Moisés.

En el hebreo, los salmos se dividen en cinco libros, quizá comparándose con los cinco libros del Pentateuco. Cada uno de estos libros termina con una doxología. Pueden hasta cierto sentido, representar colecciones separadas. El Libro Primero incluye los salmos del 1 al 41, que son principalmente Davídicos. El Libro Dos incluye los salmos del 42 al 72 y usa el nombre Elohim antes que el de Jehová para referirse a Dios. Por esto algunas veces se llaman Salmos Eloístas. Los salmos 53 y 70 son idénticos a los dos salmos en el primer libro—los salmos 14 y 40:13-17—con excepción del nombre que se le da a Dios. El Libro Tres incluye los salmos del 73 al 89, la mayor parte de los cuales se atribuyen a Asaph. Los salmos 74 y 79 parecen haber sido escritos después de la destrucción de Jerusalem, indicando así que el Libro Tercero es una colección posterior. El Libro Cuatro incluye los salmos del 90 al 106, la mayor parte de los cuales son anónimos. El último libro incluye los salmos del 107 al 150, y contiene algunos que datan del período posterior al destierro (véanse salmos 126 y 137). Un buen número de este grupo de salmos se titula "Cantos Graduales" y probablemente se usaban por los peregrinos en su viaje a Jerusalem.

Hay diferentes tipos de salmos en este himnario antiguo. Muchos son cantos de alabanza, por ejemplo los números 8, 19, 34, y 54. Otros son salmos de meditación en los caminos de Dios, o en la verdad divina, por ejemplo 1, 15, 23, y 121. Algunos son litúrgicos en naturaleza compuestos para el uso de algún servicio especial en el santuario, como los famosos salmos del 113—118 que se usaban anualmente durante la fiesta de la pascua. Los salmos de penitencia y súplica incluyen los números 3, 4, 5, 6, 38, y 51. Hay salmos de acción de gracias por las bendiciones nacionales y salmos históricos como los 34, 42, 45, 78, 106, 108, y 116.

155

Hay un grupo importante de salmos que se conocen como los salmos mesiánicos, Estos son poemas que encuentran su verdadero cumplimiento solo en la Persona y ministerio de Jesucristo. Se predicen muchos detalles del evangelio con una fidelidad asombrosa; por ejemplo, el ungimiento de Cristo por el Espíritu de Dios (Salmos 45:6-8), su oración en el huerto (Salmos 40:7-8), las heridas de sus manos y de sus pies (Salmos 22:16), la suerte de los soldados sobre las ropas (Salmos 22:18), su clamor de desaliento en la cruz (Salmos 22:1), y su resurrección (Salmos 16:10). Algunos otros salmos mesiánicos además de los que acabamos de citar, son los 2, 72, 110, 118, y 132.

Los salmos de imprecación, por ejemplo los salmos 35, 58, 69, 83, 109, y 137, han ofrecido mucha dificultad a los intérpretes. Estos pasajes parecen ser tan extraños al espíritu de perdón ordenado por Jesús que no se sabe qué pensar. Es probable, sin embargo, que estos salmos hayan sido tomados como predicciones de los desastres que habrían de caer sobre los enemigos del salmista, antes que como oraciones. El modo imprecatorio puede traducirse como un simple futuro y puede comprenderse como si fuera profético. Aun cuando esto no hace a un lado la dificultad, ayuda a ablandar la rudeza que de otra manera se hallaría en estos pasajes.

Los salmos han mantenido y continuarán manteniendo un lugar importante en los afectos del pueblo religioso. Expresan la aspiración del alma por Dios en una manera sencilla y hermosa, y las emociones profundas de alabanza y gratitud características de la vida cristiana. Para lectura devocional y en la adoración pública, estos salmos con sus modelos familiares de realización de una gran necesidad, la recordación de las bendiciones pasadas, y la alabanza a Dios por las bendiciones futuras, hacen que el alma tenga una relación más estrecha y completa con el Espíritu que los inspiró.

Proverbios—Sabiduría para la Conducta

Así como Salmos son una colección de himnos hebreos, Proverbios es una colección de sabiduría hebrea. Así como David es el autor de muchos de los Salmos y generalmente se atribuye todo el libro a él, Salomón es también el autor de la mayor parte de los Proverbios, y por eso se sugiere por la mayoría que él ha escrito todo el libro. En vista de que una sección del libro lleva el título "Proverbios de Salomón, los cuales copiaron los varones de Ezechías, rey de Judá," es aparente que el libro no recibió su forma final sino hasta el reinado de Ezechías en el siglo ocho. Sin embargo, no todos los proverbios de Salomón han sido conservados puesto que 1º Reyes 4:32, habla de tres mil proverbios y más de mil cánticos escritos por Salomón.

El término hebreo *mashal*, que se traduce en "proverbio," sugiere más bien el término "comparación" que el término más especial de la palabra "proverbio" como una máxima. Incluye también parábolas, fábulas y enigmas. La perspectiva es ética y práctica antes que teológica, apelando con frecuencia sobre la base de las recompensas tangibles y terrenales para la rectitud. A través de todos ellos, sin embargo, corre el reconocimiento tácito de la providencia divina y la aceptación completa de los principios de la religión. En los proverbios se enseñan las mismas lecciones por la ley y los profetas bajo la forma de "así ha dicho Jehová," y se enseñan como el resultado de la experiencia y de la introspección. En tanto que muchos libros del Antiguo Testamento tratan de la nación como una unidad, Proverbios trata acerca del individuo al enfrentarse con sus problemas personales en la vida.

Los primeros nueve capítulos del libro forman una continuidad un tanto larga de poemas en alabanza de la sabiduría, y se adscriben a Salomón. Están arreglados como discursos de un padre hacia su hijo. Se personifica aquí a la sabiduría y se hace expresar su excelencia para la vida humana.

Los capítulos 10 al 22:16 son también proverbios de Salomón, quizá la crema de los tres mil que él escribió. Estos son los verdaderos proverbios: cortos, máximas enérgicas, cada verso conteniendo un pensamiento sencillo, y expresando la sabiduría pura producto de una experiencia amplia. En muchos, se usa la forma antitética.

La obra del justo es para vida;
Mas el fruto del impío es para pecado (10:16).

No aprovecharán las riquezas en el día de la ira:
Mas la justicia librará de muerte (11:4).

Hay camino que al hombre parece derecho;
Empero su fin son caminos de muerte (14:12).

Con el capítulo 22:17 principia la tercera sección del libro, introducida simplemente como "palabras del sabio." Aquí se resume una vez más el estilo continuo de la primera sección, y se tratan varios asuntos como la preparación del niño (23:13-14) y la locura de la intoxicación (23:29-35). La sección termina con el capítulo veinticuatro. La cuarta sección se compone de los "proverbios de Salomón, los cuales copiaron las varones de Ezequías rey de Judá" (25:1). Estos están más o menos desconectados, son máximas cortas sobre una variedad de cuestiones prácticas. Los escribas de Ezequías probablemente los sacaron de los fragmentos de los archivos y escritos de Salomón que quedaban en aquel tiempo. Se dan cinco capítulos a este grupo de proverbios.

Las palabras de Agur, hijo de Jache, solo un capítulo (30), forman la quinta división del libro. Nada se sabe respecto a este filósofo como no sea el fragmento que se ha conservado aquí. Esta sección es notable por sus series de cuatro maravillas (vrs. 15-31), y por su noble oración:

Dos cosas te he demandado;
No me las niegues antes que muera.
Vanidad y palabra mentirosa aparta de mí.
No me des pobreza ni riqueza;
Manténme del pan que he menester;
No sea que me harte y te niegue,
Y diga, ¿quién es Jehová?
O no sea que siendo pobre, hurte,
Y blasfeme el nombre de mi Dios (vrs. 7-9).

La sexta división son las "palabras del rey Lemuel; la profecía con que le enseñó su madre" (31:1). Los nueve versículos de esta sección tratan sobre la castidad, la sobriedad y la justicia. Algunos han supuesto que Lemuel es otro nombre con el que se conocía a Salomón, y que su madre era por tanto Bathsheba. En ese caso, la vida de Salomón hubiera sido muy diferente si hubiera practicado lo que su madre le enseñó.

La sección final de los Proverbios (31:10-31), es un poema alfabético hermoso en alabanza de la mujer virtuosa. En el hebreo original, cada versículo del poema principia con una letra sucesiva del alfabeto, de la misma manera que las secciones de Salmos 119. Probablemente se usó este sistema para ayudar a la memoria, así como para agregar novedad e interés.

Eclesiastés—La Desilusión de la Mundanalidad

El libro de Eclesiastés ha sido por mucho tiempo uno de los libros más difíciles y complicados del Antiguo Testamento. Su título hebreo, *Koheleth,* significa aproximadamente "el Predicador," así como el término griego *ekklesiastes.* En el primer versículo, se adscribe al "hijo de David, rey en Jerusalem," por lo que muchos han creído que Salomón es el autor. Sin embargo, el capítulo 1:12, dice, "yo el predicador fuí rey sobre Israel en Jerusalem." Obviamente, nunca hubo un tiempo en la vida de Salomón en que él se hubiera referido a su reino en el tiempo pasado. El capítulo 2:4-11, describe también las obras del reino de Salomón como algo que ya había sucedido al tiempo en que se escribió el libro.

Además, en 1:16, el escritor dice, "He crecido en sabiduría sobre todos los que fueron antes de mí en Jerusalem." Este mismo pensamiento se repite en el capítulo 2:7. En el caso de Salomón, solo David le había precedido como rey en Jerusalem. Además, no hay que olvidar que los judíos usaban el término "hijo" para señalar a cualquier descendiente; así como se habla de Jesús como el "hijo de David." Las formas de lenguaje y las expresiones usadas en Eclesiastés indican también que el autor vivió posteriormente.

Es muy probable, por tanto, que el libro haya sido escrito para enseñar las lecciones que habrían de aprenderse de una vida como la de Salomón. La desilusión y frustración de una vida dedicada a la búsqueda de la sabiduría, la riqueza y el lujo humano, se presentan de una manera clara. Este es el relato de toda la vacuidad y vanidad del pecado y de la mundanalidad presentado en la forma de una autobiografía espiritual por un filósofo dotado de intuición penetrante y de observación sutil.

Para posesionarse del verdadero mensaje de Eclesiastés, el libro debe leerse desde el principio hasta el fin y no por secciones aisladas. Algunos grupos han explotado mucho las secciones como el 3:18-22 y el 9:1-6 que parecen negar una vida del más allá y afirmar para las almas de los humanos el mismo destino que para las almas de las bestias. Fracasan en darse cuenta de que este es el relato del intento de una alma de escapar de Dios y una recitación del cinismo y pesimismo hacia lo que lleva este intento. El resultado de todo el asunto se expresa en la convicción madura de la edad: "Sabe que sobre todas estas cosas te traerá Dios a juicio...... y acuérdate de tu Creador en los días de tu juventud, antes que vengan los malos días, y lleguen los años, de los cuales digas, no tengo en ellos contentamiento......" El fin de todo el discurso oído es éste: "Teme a Dios, y guarda sus mandamientos; porque este es el todo del hombre. Porque Dios traerá toda obra a juicio, el cual se hará sobre toda cosa oculta, buena o mala" (Eclesiastés 11:9; 12:1, 13-14).

Cantares de Salomón—Cánticos de la Fiesta de Bodas

Ningún otro libro de la Biblia, como no sea Revelación, ha tenido una variedad tan grande de interpretaciones como el libro de los Cantares de Salomón. El título del libro resalta en el hebreo como "el Cántico de los Cánticos, o sea de Salomón." Se conoce también ocasionalmente, como los Cánticos, del título latín en la Vulgata. El título hebreo parece indicar que el autor es Salomón, o quizá sencillamente signifique que el canto fué escrito acerca de Salomón.

No hay mucha certeza sobre si este libro debe comprenderse como una obra dramática similar al libro de Job, con el diálogo entre Salomón y su amada la sunamita; o como un poema lírico designado ya sea para celebrar el matrimonio de

Salomón y de su Esposa de un origen humilde o como cánticos para las fiestas del matrimonio de otras parejas orientales.

Sin embargo, muchos pensadores devotos han visto en el amor de un rey terrenal por una mujer de cuna humilde un tipo o cuadro del amor de Dios para su pueblo escogido, y de Cristo para con su iglesia. De hecho, la comparación de Cristo al novio, y de su Iglesia a la esposa, es una analogía muy familiar y hermosa del Nuevo Testamento. Las bellezas del amor se presentan con tanta sencillez y claridad y se deja una advertencia a cuidarse de las cositas pequeñas que puedan acabar con el canto del amante, "Las zorras, las zorras pequeñas que echan a perder las viñas; pues que nuestras viñas están en cierne" (2:15).

Capítulo Diez

Los Profetas del Antiguo Testamento

Fuentes: Isaías.

Periodo: El movimiento profético como un todo se extendió aproximadamente desde Samuel hasta Malaquías, o sea desde el siglo XII hasta el V antes de Cristo. Isaías profetizó por un período como de sesenta años, aproximadamente del 740 al 680 a.c., la última porción del siglo ocho y la primera parte del séptimo.

Para el estudio de los últimos diez y siete libros del Antiguo Testamento dedicaremos tres capítulos. En el presente capítulo consideraremos el movimiento profético como un todo, y a Isaías, el más grande de todos los profetas de la octava centuria.

El Movimiento Profético

Uno de los rasgos más importantes de la vida religiosa judía fué el carácter profético que distinguió sus años de madurez y de decadencia. El profeta era uno de los individuos más importantes en la comunidad religiosa, sobresaliendo al sacerdote y al escriba como líder en cuestiones espirituales.

1. Características del Movimiento Profético.

Los profetas sobresalieron en el tiempo de Samuel, aun cuando la orden ya existía y era bien reconocida en aquel tiempo. El nombre hebreo para profeta era *nabi*, que significa, "el que sale como agua de un manantial o fuente." Esto se refería probablemente al discurso de entusiasmo y en forma de éxtasis del profeta, particularmente entre los primeros representantes de ese movimiento (1º Samuel 10:9-13; 19:18-24). En tiempos primitivos, el profeta era considerado como un "vidente," indicando la importancia de la visión profética.

El término griego de donde se deriva nuestra palabra castellana "profeta" significa "el que habla por otro." Así que Aarón se consideraba como el profeta de Moisés, su habilidad para hablar suplía las deficiencias de su hermano. Aunque el hacer predicciones de los eventos futuros era parte del mensaje del profeta, su función primaria era presentar la voluntad de Dios antes que predecir el futuro. Así se usa también el término en el Nuevo Testamento.

En contraposición con el sacerdote quien conservaba su oficio por derecho de nacimiento; o del sabio, quien se reconocía como tal por derecho de su habilidad natural, el profeta era considerado como tal por virtud de su llamamiento divino. El llamamiento profético no dependía del lugar de nacimiento o de la habilidad sino de la voluntad de Dios. El profeta a veces carecía de preparación previa o de antecedentes, como en el caso de Amós que era un pastor y agricultor y que no poseía ninguna experiencia especial o característica ("No soy profeta, ni soy hijo de profeta"—Amós 7:14), sino más bien presentó su mensaje por llamamiento divino.

La tendencia de cualquiera institución hereditaria como el sacerdocio judío se vuelve reaccionaria, corrupta y formal. Aunque originalmente eran los mentores espirituales y pastores de la nación, los sacerdotes mismos necesitaban de dirección religiosa. Hasta cierto grado, la necesidad de una dirección religiosa fué suplida por los líderes políticos durante el período teocrático de los jueces. Con la separación de las funciones religiosas y políticas en la organización de la monarquía, vino una grande necesidad por una agencia de dirección moral y espiritual. Esta necesidad fué suplida por la orden profética. El profeta vino a ser "un embajador del cielo al reino de Israel."

Se suscitaron escuelas más o menos organizadas, pero de vital importancia. Había un grupo de jóvenes que se reunían alrededor de un profeta reconocido y a quienes se conocía como "hijos del profeta." Su preparación probablemente consistía en la instrucción sobre los principios de la ley y en la inspiración de contacto con una personalidad grande y dinámica. Se organizaron compañías importantes de estudiantes de profecía jóvenes, en Ramah, Bethel, Jericó y Gilgal—sin duda bajo la dirección de Samuel (1º Samuel 19:19, 20; 2º Reyes 2:3, 5; 4:38).

2. Los Profetas Orales o Pre-Literarios.

A un grupo importante de profetas del Antiguo Testamento se les conoció como profetas orales o pre-literarios. Este título no significa que estos hombres vivieron antes del desarrollo de la actividad literaria, sino más bien que por una razón u otra no escribieron sus mensajes, o si lo hicieron, estos mensajes no se conservaron.

Muchos de los profetas pre-literarios, sin embargo, fueron historiadores y cronistas del período en que vivieron. Deben mencionarse definitivamente en esta capacidad a Samuel, Nathán, Gad, Ahías, Semeías, Iddo, y Jehú, el hijo de Hanani. Debe recordarse también que los libros históricos de Josué, Jueces, 1º y 2º de Samuel, y 1º y 2º de Reyes, eran clasificados por los judíos entre los "Profetas Anteriores." La escritura histórica de los profetas literarios se considerará más tarde.

Algunas veces la aparición espectacular del profeta en tiempo de una crisis nacional ha obscurecido la obra más importante aunque menos impresionante de la enseñanza y de la predicación, y del anuncio de la voluntad de Dios al pueblo. El profeta llegó a ser un pastor real, un evangelista cuya voz clamaba en favor del derecho. Las lecciones de la historia se leían en su contexto moral y espiritual, y las conclusiones se grababan en la conciencia del príncipe y del pueblo con un celo sorprendente.

Ya se ha mencionado la grande influencia de Samuel en el movimiento profético. Aunque ya antes había personas llamadas profetas (Abraham, Moisés y Débora), en un sentido real Samuel se consideraba como el último de los jueces y el primero de los de la orden profética. De hecho, la importancia de Samuel y el reconocimiento ante su pueblo se atribuyen quizá no sólo a la fuerza de su personalidad sino también a su dirección de un grupo considerable de profetas quienes extendieron su enseñanza entre el pueblo ordinario.

Después de Samuel, y asociado con el reino de David, se encuentran Nathán y Gad. Nathán ya se ha mencionado como historiador, habiendo escrito el relato del reinado de David y parte del reinado de Salomón. Fué consultado por David referente a la construcción del templo. Al principio aprobó el proyecto, pero más tarde le dió el mensaje de Dios a David de que su hijo habría de ser quien construiría una casa a Jehová. Nathán regañó a David por su pecado en contra de Urías y presidió en la coronación rápida de Salomón con el fin de evitar el intento de Adonías de arrebatar el trono.

Gad fué el consejero espiritual de David durante los difíciles meses de Adullam y en el desierto. Predicó en contra del censo del rey, y le dijo que escogiera la clase de castigo que habría de recibir. Le ayudó a Nathán en el arreglo del servicio musical para el santuario, y también escribió una crónica del reinado de David.

Ahías era un miembro de la escuela o asociación de los profetas en Silo. Obrando por orden divina, rompió su túnica en doce partes y le dió diez a Jeroboam, indicando así la división del reino después de la muerte de Salomón. Más tarde predijo la muerte de uno de los hijos de Jeroboam y se sabe que escribió algunos de sus mensajes proféticos (2º Crónicas 9:29).

Semeías estuvo activo en el tiempo de la división del reino, siendo el profeta que disuadió a Roboam de su propósito de principiar una guerra civil con el fin de atraer por la fuerza a las tribus del norte. Varios años más tarde, señaló que la invasión de los egipcios era castigo por el pecado, haciendo que los príncipes se arrepintieran.

La idolatría del reino del norte trajo una actividad creciente de parte de los profetas. Jehú, el hijo de Hanani, Miqueas, Elías y Eliseo, todos ellos hicieron un servicio heroico procurando evitar que la idolatría cundiera. Aun cuando su obra fué de gran valor para muchos, el intento de la reforma nacional fracasó por completo.

Jehú predijo la destrucción de la familia de Baasa y protestó duramente contra la alianza de Josaphat con el indigno Achab. Fué sólo Miqueas, entre todos los llamados profetas para dar el mensaje divino acerca del resultado de la batalla en contra de los sirios, quien tuvo valor para proclamar la verdad: "Vive Jehová, que lo que Jehová me hablare, eso diré" (1º Reyes 22: 14). Elías y Eliseo han sido considerados ya en relación a la caída del reino del Norte.

3. Los Profetas Literarios.

Los diez y seis profetas cuyos escritos se conservan en el Antiguo Testamento serán considerados en relación con el estudio de sus libros. Sólo es necesario en esta ocasión revisar las características generales de los profetas literarios. Un número de estas funciones, por supuesto, habrían de ser compartidas por los profetas orales. William Smith las ha puesto en lista como sigue:

(a) Los profetas literarios fueron los poetas nacionales de la tierra. Aun cuando no usaron forma poética, con frecuencia se elevaban a las alturas del sentimiento y de la imaginación poética.

(b) Los profetas literarios eran los historiadores y analistas de su día. Ya se ha hecho referencia al trabajo histórico de los profetas orales. Grandes porciones de Isaías, Jeremías, Daniel, Jonás, y Haggeo, eran recitados durante los eventos históricos.

(c) Los profetas literarios eran maestros de civismo, basados siempre en un motivo religioso. Sus profecías van dirigidas en su mayor parte a la nación buscando la reforma moral y religiosa que habría de fomentar la estabilidad nacional. De hecho, en el caso de Jonás, el motivo nacionalista hasta cierto punto obstruyó la comisión divina.

(d) Los profetas literarios eran predicadores de una religión moral y espiritual. Por supuesto, nunca llegaban más allá de las enseñanzas de la ley, pero siempre había una necesidad constante de hacer que la gente volviera a una observancia de corazón de la ley, cosa que la religión de Jehová demandaba.

(e) Los profetas literarios llenaron un oficio pastoral entre el pueblo. Ezequiel por ejemplo, era incansable en su consejo y admonición a los desterrados por el río Chebar en Babilonia. Jeremías, a través de todo su ministerio, despliega la pasión de un pastor verdadero por el bienestar de su rebaño.

(f) Los profetas literarios con frecuencia ejercían mucho poder en las cuestiones políticas. Un ejemplo lo encontramos en Isaías, a quien se le confió el trabajo de aconsejar al rey Ezechías, y quien era quizá de sangre real. Daniel ocupó un puesto alto en los asuntos del estado de Caldea, y en el reino persa. Jeremías se opuso con todas sus fuerzas a la tendencia de sus días de confiar en la alianza política con Egipto.

(g) El servicio más importante de los profetas literarios era el de ser instrumentos para la revelación de la voluntad de Dios. De importancia vital para conservar viva la fe del pueblo, fué la visión profética de que la rebelión en contra de Dios habría de traer desastre; que aunque viniera la destrucción, se salvaría un remanente del pueblo y que de este remanente vendría el Mesías que libertaría a Israel de cuyo ministerio vendría la salvación y la luz a los gentiles.

Algunos críticos han dicho que las profecías de Cristo son muy vagas. En esta conección no hay que olvidar que toda la revelación divina, como las parábolas de Cristo, ha sido puesta en tal forma que resulte clara al humilde, al creyente sincero de corazón, pero cerrada a los que resisten la verdad. Si las profecías del Mesías venidero hubieran sido más explícitas y definidas, no solamente estarían propensas a la frustración de parte de los opositores (como Herodes el Grande en su intento de destruir al Mesías), sino que también estarían menos adaptadas a conservar la expectación y esperanza de los creyentes. La primera venida, como la segunda, habría de esperarse con una expectación constante.

Isaías—"El Profeta Evangélico"

Daremos ahora una consideración más minuciosa al primero de los profetas mayores, Isaías. La fecha del nacimiento de Isaías no se conoce, pero parece que tenía como veinte o veintidós años en el 740 A.C., fecha probable de la muerte de Uzzías y del llamado del profeta a su ministerio más amplio. Profetizó durante los reinados de cuando menos cuatro reyes—Uzzías, Jotham, Achaz, y Ezequías. En vista de que se menciona en el capítulo 37:38 el asesinato de Sennacherib y la ascención de Esarhaddón al trono de Asiria, es evidente que Isaías estaba escribiendo todavía en el año 680 A.C. cuando sucedieron estos eventos. En ese tiempo, Manasés había sido rey por cerca de trece años. Que Isaías no haya mencionado el reinado de Manasés se debe probablemente a su retiro forzoso de la vida pública bajo la reacción a la idolatría que Manasés llevó a cabo. Una tradición antigua judía relata que Isaías fué martirizado por el rey debido a su lealtad a Jehová. Se dice que el profeta fué puesto dentro de un algarrobo hueco, que después fué serruchado en dos (véase Hebreos 11:37).

Todos están de acuerdo, sin embargo, en considerar que Isaías es el más grande de los profetas del siglo VIII, y por lo que respecta a su visión de la naturaleza de la venida y obra del Redentor, es el más grande de todos los profetas del Antiguo Testamento. Tan clara es su exposición del esquema redentor de Dios en Cristo, que ha sido llamado "el profeta evangélico," y algunos han llamado a su profecía, "el evangelio según Isaías."

El libro de Isaías se divide en dos partes principales cada una de las cuales puede considerarse aisladamente. Los capítulos del 1 al 39 incluyen la primera porción del libro y tienen las profecías del castigo de Dios por los pecados del pueblo así como las frecuentes promesas de restauración y redención. La última sección, conocida a veces como "El Libro de la Consolación," capítulos 40—66, relata el retorno de la nación, de la cautividad en Babilonia.

1. Condenación y Redención *(Isaías 1—39)*

El antecedente religioso de la profecía de Isaías se ve claramente en los primeros cinco capítulos. La prosperidad y aparente éxito del reino de Uzzías, fué inyectada una y otra vez con corrupción interna y mundanalidad de corazón. El formalismo y el legalismo habían minado la fuerza de la religión de los judíos, y el llamado de Isaías a la sinceridad y a la verdadera espiritualidad es uno de los puntos culminantes de la literatura profética.

"En el año en que murió el rey Uzzías," como por el 740 A.C., Isaías recibió su llamado profético (capítulo 6). Desde ese tiempo en adelante llegó a ser una de las influencias más prominentes en la vida política nacional así como en la vida espiritual de la nación. Cuando el Reino del Norte unió sus fuerzas con el de Siria para un ataque en contra de Jerusalem (743 A.C.), Isaías aconsejó al rey Achaz que confiara en la libertad de Dios antes que buscar la fortaleza a través de alianzas políticas. Cuando Achaz rehusó escucharle, y buscó la ayuda de Asiria, Isaías predijo la pronta caída de Siria y de Israel ante las hordas asirias ya cercanas (capítulos 7—9).

Después de la destrucción de Samaria en el año 721 A.C., Asiria vino a ser la amenaza principal a la existencia continua de Judá. Isaías, sin embargo, se dió cuenta de que la dominación asiria sería corta y que los dispersados de Israel serían restaurados (capítulos 10—12).

Aunque los capítulos del 1—12 están orientados alrededor de los eventos históricos de la última porción del siglo VIII, se incluyen muchas profecías de la redención que apuntan a la venida del Mesías para su cumplimiento. Jehová promete, "Si vuestros pecados fueren como la grana, como la nieve serán emblanquecidos; si fueren rojos como el carmesí, vendrán a ser como blanca lana" (1:18). "Volveré mi mano sobre tí, y limpiaré hasta lo más puro tus escorias, y quitaré todo estaño" (1:25). "En lo postrero de los tiempos....... volverán sus espadas en rejas de arado, y sus lanzas en hoces: no alzará gente contra gente, ni se ensayarán más para la guerra" (2:2, 4). "He aquí que la virgen concebirá, y parirá hijo, y llamarás su nombre Emmanuel" (7:14). "Porque un niño nos es nacido, Hijo nos es dado; y el principado sobre su hombro; y llamaráse su nombre Admirable, Consejero, Dios fuerte, Padre eterno, Príncipe de Paz" (9:6).

Los capítulos del 13–27, tratan acerca de los castigos sobre las naciones que rodeaban a Palestina, principando cada uno de estos juicios con la frase "La carga de......" Se menciona primero a Babilonia prediciendo la caída de Nabucodonosor hasta el más nimio detalle (capítulos 13, 14), 150 años antes de que sucediera. La destrucción de Moab se indica también dentro de los tres años de la fecha de la profecía, (capítulos 15 y 16), y se predice también la caída de Damasco, Egipto, Edom, Arabia y Tiro (capítulos 17–23). Se predice también un juicio mundial sobre las naciones del medio oriente (capítulos 24 y 25), pero al pueblo de Judá se le amonesta a confiar "En Jehová perpetuamente: porque en el Señor Jehová está la fortaleza de los siglos" (26:4). No obstante, "Días vendrán cuando Jacob echará raíces, florecerá y echará renuevos Israel, y la haz del mundo se henchirá de fruto" (27:6).

En los capítulos del 28 al 31 se presentan un grupo de profecías relacionadas con Judá en sus tratos con Asiria. Samaria y Jerusalem quedarán asoladas por causa del pecado. Sin embargo, sería una insensatez confiar en Egipto, puesto que el poder de Asiria será quebrantado en el tiempo en que Dios lo crea conveniente. Como lo hizo Jeremías después de él, Isaías amonestó en contra de la alianza con Faraón: "¡Ay de los que defienden a Egipto por ayuda y confían en caballos; y su esperanza ponen en carros, porque son muchos y en caballeros porque son valientes; y no miraron al Santo de Israel, ni buscaron a Jehová" (31:1).

Los capítulos del 33 al 35 dan una de las más hermosas descripciones de la edad mesiánica que se encuentran en el Antiguo Testamento:

> Sobre la tierra de mi pueblo subirán espinas y cardos; y aun sobre todas las casas de placer en la ciudad de alegría. Porque los palacios serán desiertos, la multitud de la ciudad cesará: las torres y fortalezas se tornarán cuevas para siempre, donde huelguen asnos monteses, y ganados hagan majada: hasta que sobre nosotros sea derramado espíritu de lo alto, y el

desierto se torne en campo labrado, y el campo labrado sea estimado por bosque. Y habitará el juicio en el desierto, y en el campo labrado asentará la justicia. Y el efecto de la justicia será paz; y la labor de justicia, reposo y seguridad para siempre (Isaías 32:13-17) .

Lo que ha de suceder cuando venga el Redentor se expresa en palabras de una fuerza poética inigualable:

> Confortad a las manos cansadas, roborad las vacilantes rodillas. Decid a los de corazón apocado: Confortaos, no temáis: he aquí que vuestro Dios viene con venganza, con pago; el mismo Dios vendrá, y os salvará. Entonces los ojos de los ciegos serán abiertos, y los oídos de los sordos se abrirán. Entonces el cojo saltará como un ciervo, y cantará la lengua del mudo; porque aguas serán cavadas en el desierto, y torrentes en la soledad. El lugar seco será tornado en estanque, y el secadal en manaderos de aguas; en la habitación de chacales, en su cama, será lugar de cañas y de juncos. Y habrá allí calzada y camino, y será llamado Camino de Santidad; no pasará por él inmundo; y habrá para ellos en él quien los acompañe, de tal manera que los insensatos no yerren. No habrá allí león, ni bestia fiera subirá por él, ni allí se hallará, para que caminen los redimidos. Y los redimidos de Jehová volverán, y vendrán a Sión con alegría; y gozo perpetuo será sobre sus cabezas: y retendrán el gozo y alegría, y huirá la tristeza y el gemido (Isaías 35:3-10) .

Los capítulos del 36 al 39 o sean los capítulos finales de la primera sección, son históricos en naturaleza siendo una repetición del material contenido en 2º Reyes 18:20. La única adición es el canto de Ezequías en relación con su sanidad que se relata en Isaías 38:9-20. Esta sección relata algunos de los incidentes en la invasión asiria de Judá y en cuyo contra ataque Isaías tomó una parte prominente.

2. El Libro de la Consolación *(Isaías 40—66).*

El asunto principal de los últimos capítulos de Isaías es el relatar el retorno de la cautividad babilónica. En ninguna parte puede verse más claramente la providencia de Dios y su majestad en las cuestiones de la nación que en la restauración de los judíos dispersos hacia Palestina después del destierro en Babilonia. "Los que esperan a Jehová tendrán nuevas fuerzas; levantarán las alas como águila; correrán, y no se cansarán; caminarán, y no se fatigarán" (40:31) .

Las advertencias proféticas del juicio venidero y de la condenación han sido dadas; el propósito del profeta ahora es el de dar esperanza y consolación a su pueblo durante el período de castigo. "No temas, que yo soy contigo; no desmayes, que yo soy tu Dios que te esfuerzo: siempre te ayudaré, siempre te sustentaré con la diestra de mi justicia" (41:10). Habiendo sido purgada de su idolatría (42:8; 44:9-20; 46:5-8), la nación será perdonada y restaurada: "Yo soy el que borro tus rebeliones por amor de mí; y no me acordaré de tus pecados" (43:25). "Acordaos de las cosas pasadas desde el siglo; porque yo soy Dios, y no hay más Dios, y nada hay a mí semejante; que anuncio lo porvenir desde el principio, y desde antiguo lo que aún no era hecho; que digo: Mi consejo permanecerá, y haré todo lo que quisiere" (46:9-10).

Debieron haber caído muy bien a los oídos de los desterrados las palabras de Jehová, "La cautividad será quitada al valiente, y la presa del robusto será librada; y tu pleito yo lo pleitearé, y yo salvaré a tus hijos" (49:25).

Pero la redención es costosa. El Siervo Sufriente del capítulo 53, "Despreciado y desechado entre los hombres, varón de dolores, experimentado en quebranto," debe ser "herido por nuestras transgresiones" y "molido por nuestros pecados." La invitación universal del capítulo 55 sólo puede extenderse porque el Señor "llevó en él la iniquidad de todos nosotros."

En el centro mismo del mensaje del profeta se encuentra una pasión por la santidad. La irreverencia, la apostasía de corazón, el formalismo, el legalismo, la desecración del sábado, la falta de oración, todas estas cosas son condenadas (capítulos 56–59).

Aun cuando Jerusalem y el pueblo escogido sean honrados, este evangelio es un evangelio para los gentiles así como para los judíos, para el humilde así como para el noble (capítulos 60–61). El amor y la longanimidad de Dios a pesar de la apostasía de su pueblo pide humildad y consagración (capítulos 62–64). Por todo el tiempo y a través de las edades se extiende la visión profética que presenta "nuevo cielo y nueva tierra," donde habrá paz "como un río y la gloria de las gentes como un arroyo que sale de madre" (65:17; 66:12).

La autoridad de esta segunda sección ha estado muy en

disputa entre los críticos. Muchos eruditos, aun los de un punto de vista conservador, han atribuido el Libro de la Consolación a algún profeta no mencionado de la sexta centuria quien por causa de conveniencia llaman el Deutero-Isaías, o sea el segundo Isaías. Este debate ha llenado volúmenes enteros y no puede considerarse en esta obra. Los estudiantes de la Biblia interesados en este asunto deben consultar los introducciones del Antiguo Testamento por Harman o Cartledge; o el artículo que sobre Isaías aparece en el Diccionario de la Biblia Westminster que es en donde se trata imparcialmente este asunto.

Tres son los puntos que debemos considerar aquí: (1) No hay nada en el Libro de la Consolación que un profeta inspirado del siglo VIII no pudiera escribir, siempre y cuando viviera 200 años más tarde. (2) Resulta sorprendente en extremo que no haya señas de una circulación independiente de las dos mitades del libro, cosa que habría de esperarse si hubieran sido escritos por dos autores diferentes. Y (3) es difícil suponer que un escritor del calibre del autor del Libro de la Consolación permaneciera anónimo en una edad como en el siglo VI en que la gente estaba consciente de la obra de un profeta.

Capítulo Once

Profetas del Destierro

FUENTES: Jeremías, Lamentaciones, Ezequiel, Daniel.

PERIODO: Del año 626 A.C., el principio del ministerio de Jeremías, hasta el 536 A.C., la última profecía fechada de Daniel.

En el capítulo anterior, consideramos algunos de los aspectos generales del movimiento profético, y la vida y obra de Isaías, el gran profeta del siglo VIII antes de Cristo. Volvemos ahora nuestra consideración al resto de los profetas mayores, así llamados debido a la longitud de sus mensajes escritos. Las profecías de este grupo ocurren como 150 años después de Isaías.

Jeremías—"El Profeta Llorón"

No es cosa agradable notar los últimos estertores de una nación otrora grande. Que las páginas de la profecía de Jeremías estén llenas de tristeza y de ansiedad no es de sorprender cuando consideramos los días difíciles en que vivió. Israel, el Reino del Norte, había quedado arrasado bajo la potencia del ejército asirio. Judá mismo sobrevivió sólo debido a la política precaria de sumisión a Nínive. Asiria estaba ahora cayendo, y el poder creciente de Babilonia estaba arrasando toda la región oriental. Debilitado por su corrupción e idolatría interna, Judá no tenía cómo defenderse de la invasión venidera. Jeremías no podía hacer otra cosa sino dar rienda suelta a su alarma y expresar el lamento: "¡Oh, si mi cabeza se tornase aguas, y mis ojos fuentes de aguas, para que llore día y noche los muertos de la hija de mi pueblo!" (9:1).

1. La Vida y Carácter de Jeremías.

Jeremías era hijo de Hilcías, un sacerdote de la ciudad levítica de Anatoth, unas cuantas millas distante de Jerusalem. Aun cuando era muy joven, Dios le apareció llamándole al oficio de profeta. Objetando al principio que su falta de madurez lo hacía inadecuado para esta responsabilidad, Jeremías recibió la promesa del toque de Dios de sus labios, y la seguridad de que el Señor pondría en su boca las palabras que habría de hablar.

Josías era rey de Judá en el tiempo del llamamiento de Jeremías, y el joven profeta sin duda hizo todo cuanto pudo porque las reformas que este monarca había puesto en efecto, fueran algo permanente. Es probable que Jeremías haya estado interesado en lo superficial de este avivamiento y que la mayor parte de su énfasis primero sobre la religión de corazón haya sido un esfuerzo para profundizar esta obra.

La oposición a la predicación de Jeremías no se dejó esperar, originando primero con los sacerdotes de su propio pueblo de Anatoth. Después de la muerte de Josías, y los tres meses del reinado de Joachaz, Joacim subió al trono gobernando como vasallo de los babilonios. La oposición a Jeremías se extendió por todas partes. Joacim estaba ansioso de deshacerse del yugo babilonio, y buscó la ayuda de Egipto, el enemigo tradicional de Babilonia. Jeremías le pidió que se sometiera a los babilonios puesto que esta era la única esperanza que Judá tenía de sobrevivir.

Sospechándose de que Jeremías fuera un traidor político, fué hecho prisionero y su vida amenazada en muchas ocasiones. Cuando al fin fué capturado Jerusalem y destruído por los babilonios, Nabucodonosor dió órdenes específicas de que Jeremías fuera protegido. Sin embargo, una pandilla de judíos fanáticos, se rebeló en contra de Gedalías, a quien Nabucodonosor había puesto como gobernador, lo asesinó, y llevándose a Jeremías huyó hacia Egipto. No tenemos información sobre el tiempo o la manera de la muerte de Jeremías.

Forzado por la soledad de su posición a depender más de

175

Dios, es natural que Jeremías recalcara más que cualquier otro profeta del Antiguo Testamento la importancia de la religión de corazón. El destino de la nación estaba sellado. La única esperanza para el individuo descansaba en la confianza personal en Dios y en una dependencia completa en El. El gran profeta no solo predicó una religión personal como ésta, sino que la practicó como pocos personajes del Antiguo Testamento lo hicieron.

2. La Profecía de Jeremías.

El libro de Jeremías consiste de un número de profecías que datan de un período de más o menos 41 años, junto con un número de notas históricas y cuestiones de interés personal. El orden de arreglo de la profecía no es estrictamente cronológico.

El primero y último capítulos proveen la introducción y conclusión de las porciones proféticas. El primer capítulo nos habla del llamamiento del profeta, con la promesa de la protección de Dios en medio de la persecución, una promesa bien cumplida durante el ministerio difícil y largo del profeta. El último capítulo es un apéndice histórico que relata por segunda vez la rebelión de Sedechías en contra de los babilonios, y la destrucción de la ciudad con la deportación de sus habitantes a Babilonia. Este capítulo es virtualmente idéntico con 2º Reyes 24:17—25:30.

Las profecías se dividen en tres grupos: capítulos del 2 al 33, profecías concernientes a la ruina inminente de la ciudad de Jerusalem, dictadas antes de su captura y destrucción; los capítulos 34 al 45, la historia y las profecías en relación con Judá después de la caída de la ciudad capital; y los capítulos del 46 al 51 que tratan de predicciones concernientes al destino de las potencias extranjeras.

En la primera sección predomina el llamado al arrepentimiento, gradualmente desvaneciéndose hasta ser un consejo a reconciliarse con la inevitable ruina en vista de que el pueblo dilata el arrepentimiento sincero año tras año. El profeta comunica la palabra del Señor diciendo, "Dos males ha hecho mi pueblo: dejáronme a mí, fuente de agua viva, para cavar para sí cisternas, cisternas rotas que no detienen aguas" (2:13). La reforma del pueblo bajo Josías era insincera, según Jehová, "La rebelde su hermana Judá no se tornó a mí de todo su corazón, sino mentirosamente" (3:10). "Lava la malicia de tu corazón, oh Jerusalem, para que seas salva. ¿Hasta cuándo dejarás estar en medio de tí los pensamientos de iniquidad?" (4:14). "Vuestras iniquidades han estorbado estas cosas...... Cosa espantosa y fea es hecha en la tierra: los profetas profetizaron mentira y los sacerdotes dirigían por manos de ellos; y mi pueblo así lo quiso" (5:25, 30, 31).

Los remedios parciales no son suficientes: "Curan el quebrantamiento de la hija de mi pueblo con liviandad, diciendo, paz, paz; y no hay paz" (6:14). El tiempo de la longanimidad divina pasa rápidamente; pronto viene el clamor, "Pasóse la siega, y acabóse el verano, y nosotros no hemos sido salvos" (8:20). Aun hoy mismo, Dios nos dice que la oración vendrá demasiado tarde (11:14; 15:1). "El pecado de Judá escrito está con pincel de hierro, y con punta de diamante: esculpido está en la tabla de su corazón, y en los lados de vuestros altares" (17:1). El vaso arruinado del alfarero representa el plan alterado de Dios para el pueblo escogido (capítulo 18); la vasija de barro representa la desolación de la nación (capítulo 19).

Los capítulos 20 y 21 relatan los intentos de los sacerdotes y príncipes a obligar a Jeremías a alterar su mensaje: "Empero fué en mi corazón como un fuego ardiente metido en mis huesos, trabajé por sufrirlo y no pude" (20:9). Con una verdadera visión profética, Jeremías nota la restauración del pueblo escogido y la venida del Mesías (capítulos 23 y 24). Sin embargo, mientras tanto, la cautividad babilónica ha de durar setenta años y se le pide al pueblo que se someta al castigo de Dios (capítulos 25—28). Impelido por el deseo de hacer que la suerte de los que ya estaban desterrados fuera más llevadera, Jeremías les escribió pidiéndoles que se establecieran en sus hogares extranjeros y no esperaran una libertad inmediata. Dios los habría de restaurar al fin del período de setenta años (capítulos 29, 30). Dios hará un nuevo pacto con su pueblo y hará que el retoño de justicia (el Mesías) sea su rey (capítulos 31—33).

La segunda sección (34—45) es en gran parte histórica, relatando una vez más las persecuciones sufridas por Jeremías durante los ataques hechos en contra de Jerusalem por los ejércitos babilonios. Estando bajo sospecha de colaborar con el enemigo, siendo hecho prisionero y amenazado de muerte hasta que lo llevaron a Egipto en contra de su voluntad, Jeremías amonestó fielmente a su pueblo a que se arrepintiera y volviera a Dios. "Oye ahora voz de Jehová que yo te hablo, y tendrás bien, y vivirá tu alma" (38:20).

La última sección profética (capítulos del 46—51) contiene predicciones acerca del destino de varias naciones extranjeras. Egipto, Filistia, Moab, Ammón, y finalmente Babilonia caerán bajo la vara del castigo. La profecía en contra de Babilonia fué dada por Seraías, con el mandato de que cuando fuera llevado cautivo a Babilonia, leyera las predicciones, atara una piedra al rollo y la dejara caer en el río Eufrates como testimonio en contra de la nación maligna.

3. Las Lamentaciones de Jeremías.

Este libro pequeño es anónimo en las escrituras hebreas, donde no se incluye con los profetas sino con los escritos sagrados. No obstante, la Septuaginta da una inscripción que dice: "Y sucedió que después de que Israel fué llevado cautivo y Jerusalem dejada desierta, que Jeremías se sentó llorando y lamentando esta lamentación sobre Jerusalem y dijo......" Hay por tanto autoridad muy antigua para incluir las lamentaciones con la profecía de Jeremías.

Los primeros cuatro capítulos del libro son cuatro endechas, compuestas en el original de veintidós versos, principiando cada una con una letra sucesiva del alfabeto griego. En la versión castellana, el capítulo tres tiene sesenta y seis versículos, y cada versículo del original se aumenta a tres en la traducción. El fondo de los lamentos es la destrucción de Jerusalem, y el fin trágico de la vida nacional de Judá.

El capítulo 5, que también contiene ventidós versículos pero que no es alfabético en su orden, es una oración pidiendo perdón y restauración. La forma del libro entero es poética y el capítulo 3:22-36 es un salmo cuya belleza y encanto se iguala pocas veces en el escrito sagrado, un verdadero rayo de luz de la cruz iluminando a través del sombrío anuncio de una tragedia profunda.

Ezequiel—"El Profeta de Visión"

El libro de Ezequiel, que es el cuarto entre los libros de los profetas mayores en el Antiguo Testamento castellano, fué el tercero de los "Profetas Posteriores" en el original, siendo seguido por los "Libros de los Doce," y precedido por Isaías y Jeremías.

1. La Vida de Ezequiel.

Ezequiel nació en el año 623 A.C., hijo de Buzi y era como Jeremías, miembro de la tribu sacerdotal. Su vida temprana la vivió en su tierra probablemente en uno de los pueblos levíticos cerca de Jerusalem y del templo. Tuvo aquí suficiente oportunidad de familiarizarse con el templo y su adoración, y de oir a su contemporáneo Jeremías, cuyos escritos tienen parecido en muchos respectos con su profecía. Cuando tenía 26 años de edad, fué llevado en rehenes a Babilonia y se estableció con un grupo de compañeros desterrados en el río Chebar en Tel-abib. Esto sucedió once años antes de la destrucción de Jerusalem.

Ezequiel tenía treinta años, la edad en que los sacerdotes eran iniciados en el oficio, cuando recibió su llamado profético. Su ministerio fué un ministerio escrito más bien que un ministerio predicado, aunque su hogar—estaba casado y tenía su propia casa—fué un lugar en donde los ancianos del pueblo se reunían con frecuencia para consejo. Los babilonios no obstaculizaron su trabajo, aun cuando su propio pueblo generalmente pasó por alto sus mensajes durante los primeros días de su ministerio.

Las noticias de la destrucción de Jerusalem llegaron hasta los desterrados en el año 585 A.C., y la reputación de Ezequiel como profeta creció inmediatamente hasta alcanzar notables proporciones. Por siete años había estado prediciendo el destino que esperaba a la ciudad y a su hermoso templo, aun cuando los corazones de sus amigos desterrados estaban llenos todavía de esperanzas falsas de acabar con el gobierno de Babilonia y de volver a Palestina. Cuando estas predicciones fueron cumplidas, Ezequiel fué reconocido como profeta de Dios entre los desterrados. Su última profecía fechada fué en el 570 A.C., haciendo que la longitud de su ministerio fuera de veintidós años en total.

Ezequiel, como sucedió más tarde con Daniel, fué el vocero de Dios en una tierra extranjera, separado de las memorias sagradas que caracterizaban la tierra santa. El rasgo distintivo de su método didáctico es su uso frecuente de visiones, parábolas, acciones simbólicas y alegorías. Se encuentran en sus páginas muchos elementos de los escritos apocalípticos judíos posteriores.

2.   El Libro de Ezequiel.

La profecía de Ezequiel se divide naturalmente en tres secciones cada una de las cuales está compuesta de profecías separadas y que han sido cuidadosamente fechadas. Las profecías primeras, dadas antes de la destrucción de Jerusalem, son un llamado continuo para el arrepentimiento y la reforma, el tema familiar de los profetas; y predicciones repetidas del juicio divino que habían de resultar como consecuencia de descuidar la voz de Dios. Las profecías posteriores, dadas después de que las noticias de la caída de la ciudad habían llegado hasta los exiliados en Babilonia, recalcan la restauración futura de la gloria de Israel y el templo espiritual de donde fluirán las aguas de sanidad para las naciones.

(a)   La condenación y la advertencia son las metas principales de los capítulos 1—24, la primera sección de la profecía. Hay cuatro predicciones fechadas en esta sección que cubren un período como de cuatro años. La primera, los capítulos del 1—7, fué dictada en el año 592 A.C., el año cinco del destierro del profeta. Nos habla del llamamiento de Ezequiel y de la preparación para el oficio profético, expresándose en visiones muy interesantes. La destrucción de Jerusalem se presenta por acciones simbólicas—un sitio en miniatura y la división y del despojo del cabello del profeta.

En el año siguiente, se dieron las profecías de los capítulos 8 al 19 en que se representa a Dios dejando el santuario antes de que éste sea destruído, debido a la maldad persistente del pueblo. Aquí se niega también la verdad del proverbio corriente: "Los padres comieron el agraz, y los dientes de los hijos tienen la dentera." Por el uso frecuente de este proverbio, la generación presente estaba tratando de echar la culpa del castigo que estaba sufriendo, sobre el pecado de sus ancestros. En contra de esto, el profeta declara que todo individuo en toda generación debe recibir el pago de su propia iniquidad.

En el año séptimo, 590 A.C., Ezequiel declara que por cuanto Judá ha profanado el nombre de Dios delante de los paganos, su ruina es cierta. Sin embargo, será restaurado un remanente y reconocerá la mano de Dios sobre ellos (capítulos 20—23). Dos años más tarde, en el capítulo 24, la parábola de la vasija con agua hirviendo tipificó la destrucción inminente de Jerusalem. La mujer de Ezequiel murió repentinamente, y su desolación de espíritu se tomó como señal del luto general que acompañaría el incendio de la Ciudad Santa.

Debajo de todas estas profecías había un propósito importante. Los judíos del destierro separados del templo, necesitaban aprender que podían servir a Dios en una tierra extraña. En vista de que el pecado había ocasionado estos desastres, la nación tendría que ser purgada por medio del juicio que la llevaría al arrepentimiento.

(b) La caída de las naciones circunvecinas es la carga de la segunda sección del libro, capítulos 25—32. Estas predicciones fueron dichas por un período de diez y ocho años, del 587 al 570 A.C. Abarcan el futuro de Ammón, Moab, Filistia, Tiro y Egipto. De todos estos enemigos tradicionales de Israel, sólo al pueblo escogido se le da esperanzas de restauración.

(c) La esperanza de la gloria futura de Israel es el tema

de la tercera sección de la profecía, capítulos del 33 al 48. Cuando llegó hasta Ezequiel un refugiado de la ciudad incendiada de Jerusalem, llevando noticias de la destrucción del templo y del incendio de la ciudad, el gran profeta se dió inmediatamente a la tarea de confortar a su desilusionado pueblo. La esperanza del futuro es el remanente en destierro. Dios es justo, pero es también misericordioso. Ezequiel habla ahora la promesa del Señor, "Vivo yo, dice el Señor Jehová que no quiero la muerte del impío, sino que se torne el impío de su camino y que viva. Volveos, volveos de vuestros malos caminos: ¿Y por qué moriréis, oh, casa de Israel?" (33:11).

No obstante, la gloria futura de Israel no ha de llevarse a cabo en tierra extraña. Los desterrados no deben quedar demasiado satisfechos en Babilonia:

> Y yo os tomaré de las gentes, y os juntaré de todas las tierras, y os traeré a vuestro país. Y esparciré sobre vosotros agua limpia, y seréis limpiados de todas vuestras inmundicias; y de todos vuestros ídolos os limpiaré. Y os daré corazón nuevo, y pondré espíritu nuevo dentro de vosotros; y quitaré de vuestra carne el corazón de piedra, y os daré corazón de carne. Y pondré dentro de vosotros mi espíritu, y haré que andéis en mis mandamientos, y guardéis mis derechos, y los pongáis por obra. Y habitaréis en la tierra que dí a vuestros padres; y vosotros me seréis por pueblo, y yo seré a vosotros por Dios (Ezequiel 36:24-28).

La resurrección acaecida en el valle de los huesos secos (37: 1-14) y la reunión de los dos palos (37:15-28) revelan el futuro del pueblo de Dios. Aún los ataques fieros de las fuerzas malignas simbolizadas por Gog y Magog no logran hacer fracasar los propósitos de Dios (capítulos 38 y 39).

Los últimos nueve capítulos de la profecía de Ezequiel se dedican a la visión del templo espiritual que habría de edificarse en Israel. Hay un número de indicaciones que demuestran que Ezequiel vió este templo en visión no como la reconstrucción del templo de Salomón, sino como el tipo de la edad mesiánica. Está situado sobre una montaña muy alta, y de sus portales fluye para las naciones, un manantial de aguas de sanidad, llevando vida y fruto por dondequiera que llega. Pablo usa esta misma descripción cuando habla acerca de la verdadera iglesia de Cristo: "Así que ya no sois extranjeros ni advenedizos, sino juntamente ciudadanos con los santos, y domésticos de Dios; edificados sobre el fundamento de los apóstoles y profetas, siendo la principal piedra del ángulo Jesucristo mismo; en el cual, compaginado todo el edificio, va creciendo para ser un templo santo en el Señor: en el cual vosotros también sois juntamente edificados, para morada de Dios en espíritu" (Efesios 2:19-22).

La importancia del profeta Ezequiel entre el pueblo judío descansa en su insistencia sobre la forma adecuada de la adoración de Jehová. Aun cuando no pierde de vista la importancia de la religión personal e individual presentada por Jeremías, Ezequiel recalca el aspecto institucional de la adoración. Algunos lo han llamado por ello, "el Padre del Judaísmo."

Daniel—"El Profeta de las Edades"

El libro de Daniel lo incluía el original en la tercera división de las Escrituras, la Hagiographa o Escritos Sagrados. Pertenece a la subdivisión algunas veces llamada "Los Libros Restantes," o "Los Libros Históricos," junto con Esdras, Nehemías y Crónicas. Debido a la porción profética tan grande e importante del libro, se incluye en el Antiguo Testamento con los profetas mayores. La razón para la distinción hecha por los judíos quizá descanse en que mientras Daniel poseía el don profético en un grado sorprendente, no era profeta por vocación, sino más bien un estadista bajo los imperios persa y babilonio. La mayor parte del libro está en hebreo, pero un pasaje importante (capítulo 2:4—7:28) se escribió en aramaico, el idioma oficial de la Babilonia occidental y de Persia.

La fecha y autoridad del libro han estado en disputa por los críticos y no necesitamos tocar el problema en este libro. En el Nuevo Testamento, no hay otra autoridad mayor que Cristo mismo que atestigüe el valor profético del libro, y a su derecho de ser contado entre las Escrituras inspiradas. Los eruditos devotos no encuentran dificultad en considerar que Daniel relató las porciones escritas en primera persona, y que un editor inspirado del período de Esdras y Nehemías agregó los capítulos históricos y completó el libro en su forma actual.

183

1. Incidentes de Daniel y de sus Compañeros de Destierro (*Daniel 1—6*).

Daniel, junto con sus tres jóvenes compañeros, Ananías, Misael y Azarías, estaban entre los rehenes llevados por Nabucodonosor en su primera invasión de la Tierra Santa en el año 605 A.C. Los cuatro jóvenes fueron escogidos por ser de cuna noble y poseer habilidad y promesa evidentes, para preparación especial de estadistas por sus amos los babilonios. El calibre moral de los jóvenes se evidenció pronto en su rechazamiento de comer la comida ceremonialmente inmunda para los judíos.

Cada uno de los primeros seis capítulos del libro de Daniel relata una historia corta separada acerca de las condiciones de su vida en la tierra de su cautividad forzosa. El capítulo uno nos da la historia del gran propósito de Daniel—"propuso en su corazón no contaminarse en la ración de la comida del rey, ni en el vino de su beber" (1:8). El capítulo 2 es el relato del sueño olvidado de Nabucodonosor, con el llamado de Daniel y su interpretación como revista de historia a través de sus cuatro imperios mundiales pre-cristianos sucesivos: el babilonio, el persa, el macedonio y el romano, hasta el establecimiento del reino de Cristo entre los hombres. El capítulo 3 nos habla acerca de la religión de los tres compañeros de Daniel que ni se inclinaron, ni pidieron misericordia, ni se quemaron. El capítulo 4 es la historia de la humillación de Nabucodonosor, su locura temporal y su reconocimiento de la mano de Dios en aquella experiencia. El capítulo 5 refiriéndose a la derrota de Babilonia por los ejércitos medo-persas de Ciro, relata la fiesta de la borrachera de Belsasar el regente, con mil de sus cortesanos, y la escritura en la pared prediciendo el fin de su dominio. El capítulo 6 describe un incidente durante la regencia de Darío el meda, entre la captura de Babilonia y la inducción en el oficio de Ciro el emperador persa, un período como de dos años. Durante este tiempo Darío fué convencido a promulgar un decreto prohibiendo la oración, por cuya violación Daniel fué echado al foso de los leones, pero librado más tarde por potencia de Dios.

2. Visiones del Futuro *(Daniel 7:12)*.

La última mitad del libro de Daniel relata las visiones proféticas del profeta estadista. Se describen cuatro visiones, cada una de las cuales está fechada por el escritor.

(a)   La *primera* visión que sucedió en el primer año de Belsasar (de acuerdo con los archivos babilonios esto fué en el año 553 A.C.), es la visión de las cuatro bestias, interpretadas como para representar cuatro imperios mundiales que corresponden con las cuatro partes de la estatua que vió Nabucodonosor en su sueño (Daniel 2).

(b)   La *segunda* visión, vista dos años más tarde, representa una lucha a muerte entre un carnero y un macho cabrío. Gabriel interpreta la visión como representando la conquista del imperio medo-persa por Alejandro el Grande, el conquistador mundial griego. Después de la muerte de Alejandro, su imperio fué dividido en cuatro reinos—uno de los cuales, el sirio, hizo un esfuerzo terco para terminar con la adoración de Dios entre los judíos.

(c)   La *tercera* visión vino en el año 538 A.C., el primer año de Darío el meda, regente de Caldea bajo Ciro. Reconociendo de la profecía de Jeremías que la cautividad estaba para terminar, Daniel se dió a la tarea de ayunar, orar y confesar los pecados de su pueblo en la esperanza de que la restauración se llevaría a cabo tal como se había prometido. En respuesta, Gabriel fué enviado otra vez con la visión de las setenta semanas. Es interesante notar que el decreto de Ciro en el que permitía la restauración de los judíos a su tierra, fué promulgado en el año mismo de la oración de Daniel.

(d)   La *cuarta* visión, del hombre que se describe en Daniel 10:5, 6 y Revelación 1:14, 15, vino dos años más tarde. Se da aquí la seguridad de que las promesas de Dios son ciertas. Gabriel, que aparece otra vez en Daniel, describe la derrota inminente de Persia por Grecia, y la disolución del imperio macedonio en cuatro partes. Dos de estas partes, Siria (el reino de Seleucia) y Egipto (el reino ptolemaico), llamados respectiva-

mente el reino del norte y el del sur, entablan una lucha desesperante. El rey del norte conquistó finalmente la tierra santa
e hizo un intento determinado para acabar con la religión
judía. De esta persecución, sin embargo, el pueblo escogido salió victorioso.

Los estudiantes que tratan de interpretar las visiones de
Daniel a la luz de la historia o de los eventos futuros deben
recordar que el período de las profecías bíblicas no consiste
nunca en bosquejar desarrollos políticos como tales, sino en
desplegar el progreso de los asuntos humanos en relación con
los eventos relacionados con la verdadera religión. El interés
en las potencias mundiales y su desarrollo se limita a la manera
y el grado en que estos poderes afectan el evangelio de Dios y su
aceptación entre los hombres. Sin duda que muchas de las visiones de Daniel pueden entenderse solamente a través de una perspectiva amplia que reciban estos símbolos en el libro de Revelación.

Capítulo Doce

El Libro de los Doce

Fuentes: Oseas, Joel, Amós, Abdías, Jonás, Miqueas, Na hum, Habacuc, Sofonías, Haggeo, Zacarías, Malaquías.

Periodo: Desde como por el año 750 a.c. (principiando con el ministerio de Oseas), hasta como por el año 420 a.c. (Mala· quías).

La última sección del Antiguo Testamento, llamada Los Profetas Menores o "El Libro de los Doce," componía un libro en las Escrituras hebreas, que era el cuarto de los Profetas Posteriores. No se puede determinar cuándo y por quién se reunieron los doce libros en un solo pergamino. Se hace mención de ellos como un grupo en la Apócrifa como doscientos años antes de Cristo.

El arreglo de los doce no es estrictamente cronológico. Al estudiarlos aquí, los consideraremos por grupos históricos bajo estas subdivisiones: (1) Profetas del período anterior al exilio en Israel y en Judá, (2) Profetas del período de exilio en Babilonia, y (3) Los Profetas del Retorno.

Profetas del Período Anterior al Exilio

El período anterior al exilio en el movimiento profético se extiende desde el año 750 a.c. hasta la decadencia de la potencia asiria y el ascenso de Babilonia, como por el 625 a.c. Los profetas de Israel, el Reino del Norte, incluyen a Oseas, Amós, y Jonás; y el Reino del Sur de Judá, Miqueas, Nahum y Joel. Estudiaremos brevemente a cada uno de ellos.

1. Oseas—"Profeta del Amor Divino."

Oseas, hijo de Beeri, era contemporáneo de Amós en el Reino del Norte, y de Isaías y Miqueas en Judá. Profetizó a través del reinado de Jeroboam II, rey de Israel, y por los reinados de Uzzías, Jotham, Achaz y Ezequías, reyes de Judá. Su ministerio se circunscribió al Reino del Norte al que probablemente pertenecía, y se extendió por un período como de diez y seis años por todo.

El reino de Jeroboam fué un tiempo de gran prosperidad aparente para Israel. Pero el ojo avisado del profeta pudo ver que las semillas de la corrupción y de la maldad habrían de florecer pronto en la destrucción de la nación. A través de todo Oseas mezcla la advertencia con la promesa, y la condenación por el pecado con las expresiones de compasión infinita.

Los primeros tres capítulos de Oseas relatan la desgracia de la familia del profeta, en que Gomer, su esposa, se vuelve infiel. Su amor por una mujer infiel tipifica el amor de Jehová por su pueblo idólatra; y su deseo de recibir y restaurar a Gomer a su lugar en el hogar, promete en símbolo la misericordia de Dios.

Los capítulos del cuarto al catorce contienen en forma condensada la enseñanza del profeta a través de todos esos años antes que como profecías fechadas y específicas. Se acusa a la nación de mucho pecado en que los príncipes y los sacerdotes son los directores (capítulos 4, 5). El capítulo 6 es un llamado sincero al arrepentimiento: "Venid y volvámonos a Jehová: que él arrebató, y nos curará; hirió, y nos vendará" (6:1). Los ídolos de Israel de nada sirven en la crisis que confronta a la nación: "Tu becerro, oh Samaria, te hizo alejar; encendióse mi enojo contra ellos........ Será deshecho el becerro de Samaria. Porque sembraron viento, y torbellino segarán" (8:5-7).

Hay una riqueza de pasión en el dolor divino: "Cuando Israel era muchacho, yo lo amé, y de Egipto llamé a mi hijo...... Yo con todo eso guiaba en pies al mismo Efraim, tomándolos de sus brazos; y no conocieron que yo los cuidaba. Con cuerdas humanas los traje, con cuerdas de amor" (11:1-4). "Te perdiste, oh Israel, mas en mí está tu ayuda. ¿Dónde está tu rey, para que te guarde con todas tus ciudades?...... De la mano del sepulcro los redimiré, librarélos de la muerte. Oh muerte, yo seré tu muerte; y seré tu destrucción, oh sepulcro; arrepentimiento será escondido de mis ojos" (13:9, 10, 14).

2. Amós—"Profeta de Justicia."

Parece que Amós había sido un contemporáneo mayor de Oseas, fechando sus profecías por los reinos de Jeroboam II de Israel y Uzzías, rey de Judá. Nos dice que era pastor y cogedor de cabrahigos, cuyo hogar estaba en Tecoa, un pueblo de Judá como seis millas al sur de Bethlehem. Sin embargo, su misión fué al Reino del Norte, y se atrevió a predicar aún en Bethel, el asiento israelita donde se adoraba al becerro.

Hay cuatro divisiones en la profecía de Amós. (1) Los capítulos 1 y 2 predicen los castigos en contra de Siria, Filistia, Edom, Ammón y Moab así como en contra de Judá y de Israel. (2) Los capítulos del 3 al 6 contienen tres discursos de condenación en contra de Israel, cada uno de ellos principiando con la frase, "Oid esta palabra." A pesar de las advertencias repetidas y de las visitaciones de la ira, "No os tornasteis a mí, dice Jehová........ Por tanto, de esta manera haré a tí, oh Israel: y porque te he de hacer esto, aparéjate para venir al encuentro a tu Dios, oh Israel" (4:6, 8-12). (3) Los capítulos del 7 al 9:8, dan cinco visiones de castigo, incluyendo las langostas, el fuego, la plomada, el canastillo de fruta de verano, y la profanación del altar. (4) El resto del capítulo 9 contiene el anuncio profético familiar de la restauración de Israel: "En aquel día yo levantaré el tabernáculo de David, caído, y cerraré sus portillos, y levantaré sus ruinas y edificarélo como en el tiempo pasado" (9:11).

3. Jonás—"El Profeta Misionero."

Jonás, el hijo de Amittai, era ciudadano de Gath-hepher, un pequeño pueblo en Galilea como a tres millas de Nazaret, y profetizó durante el reinado de Jeroboam II (2º Reyes 14:25), siendo así contemporáneo de Oseas y Amós. El libro de Jonás difiere de los otros profetas menores por cuanto es biográfico, dando el relato de un solo episodio en la vida del profeta.

Es una desgracia que el mensaje esencial de Jonás haya sido obscurecido por el concentrado interés en la manera notable en que se salvó la vida del profeta a fin de que cumpliera con el llamamiento divino. Dondequiera que se menciona el nombre de Jonás, la mayor parte de la gente piensa en un gran pez, antes de acordarse de la misericordia universal y de la gracia de Dios.

El autor del libro no se menciona en ninguna otra parte, y por el hecho de que Nínive se menciona en tiempo pasado (3:3), los eruditos han concluído generalmente que fué escrito después de la destrucción de aquella ciudad en el año 612 A.C.

El motivo originario de la huida del profeta fué claramente su deseo de que Nínive, el enemigo acérrimo de su nación, quedara destruído. Cuando la ciudad se arrepintió y Dios los dejó vivir por un poco más de tiempo, Jonás se enojó y dijo, "¿No es esto lo que yo decía estando aún en mi tierra? Por eso me precaví huyendo à Tarsis. Porque sabía yo que tú eres Dios clemente y piadoso, tardo a enojarte, y de grande misericordia, y que se arrepiente del mal" (4:2). Será muy difícil imaginarse una manera más efectiva de reprender el nacionalismo estrecho de los judíos que en el caso de la misión de Jonás.

Que el relato de Jonás es histórico y no una parábola o leyenda, se atestigua por el número de hechos como los que siguen: (1) El hecho de que Jonás es incuestionablemente un personaje histórico, (2) La posibilidad de los eventos que sucedieron tal y como se describen, sostenidos por ejemplos conocidos de naturaleza similar, (3) El hecho de que los judíos consideraban el libro como histórico, y (4) que Jesús se refirió a la experiencia de Jonás en el pez como tipo de su propia muerte y resurrección. Es seguro que quien crea en un Dios supremo y Creador, que formó los cielos y la tierra con su palabra solamente, no podría dudar que este Dios podía y quería si fuera necesario, preparar y controlar las acciones de una criatura como el pez descrito en el libro de Jonás.

4. Miqueas—"El Profeta del Libertador Venidero."

Miqueas basa sus profecías durante los reinados de Jotham, Achaz y Ezechías, como del 740 A.C. hasta el 698 A.C. Era nativo de un pequeño pueblo de Morasti, cerca de la frontera suroeste de Judá. Muy diferente de su contemporáneo Isaías, cuyo interés principal estaba en la ciudad, los intereses de Miqueas estaban con la gente y el individuo rural. Miqueas ha sido también llamado con propiedad "el Profeta de los Pobres."

Con una sinceridad fogosa, Miqueas condena la injusticia y la ambición de los ricos en su opresión y envidia, la crueldad y carencia de corazón de los príncipes, las mentiras de los profetas y la mundanalidad y legalismo del pueblo. No obstante, a pesar de todo esto, Miqueas predice la gloria mesiánica venidera usando (4:1-5) casi las palabras idénticas que usó Isaías:

> Y acontecerá en los postreros tiempos, que el monte de la casa de Jehová será constituído por cabecera de montes, y más alto que los collados, y correrán a él pueblos. Y vendrán muchas gentes, y dirán: Venid, y subamos al monte de Jehová, y a la casa del Dios de Jacob; y enseñarános en sus caminos, y andaremos por sus veredas: porque de Sión saldrá la ley, y de Jerusalem la palabra de Jehová. Y juzgará entre muchos pueblos, y corregirá fuertes gentes hasta muy lejos: no alzará espada gente contra gente, ni más se ensayarán para la guerra (Miqueas 4:1-3).

Miqueas fué el profeta cuyas palabras escritas dieron la pista a los magos sobre el lugar donde habría de nacer el Mesías (Mateo 2:4-6). "Mas tú, Beth-lehem Ephrata, pequeña para ser en los millares de Judá, de tí me saldrá el que será Señor en Israel; y sus salidas son desde el principio, desde los días del siglo" (5:2).

Una de las más grandes intuiciones religiosas de todos los tiempos ha sido expresada por Miqueas, quien percibe que Dios no va a ser engañado por los sacrificios en ausencia de la obediencia (6:6-7). "Oh hombre, él te ha declarado qué sea lo bueno, y qué pida de tí Jehová: solamente hacer juicio, y amar misericordia, y humillarte para andar con tu Dios" (6:8).

5. Nahum—"El Profeta del Patriotismo."

El tema de Nahum, nativo de Elkosh y profeta de Judá es

la destrucción de Nínive. Por siglos el imperio asirio con su capital en Nínive había oprimido a las naciones del Asia Occidental. Todo intento de rebeldía había sido sofocado con la crueldad y la violencia más grande. En muchas ocasiones Judá mismo había escapado en una tablita de la destrucción por medio de una sumisión rápida y de un tributo pesado a los asirios. Ahora la destrucción estaba a la puerta para el opresor, y Nahum predice su certeza y carácter repentino.

La profecía está fechada dentro de los límites de la destrucción de No (Tebas) en Egipto (3:8) que se sabe ocurrió en el año 663 A.C., y en 612 A.C. cuando se cumplió su predicción de la captura y destrucción de Nínive por los babilonios.

El libro se divide en dos secciones. La primera, el capítulo uno, es un salmo arreglado alfabéticamente y representando la majestad y poder del Señor Dios de Judá. Dios tiene su mano en todas las cosas: "Jehová marcha entre la tempestad y el turbión, y las nubes son el polvo de sus pies" (1:3). Más adelante, en el centro mismo del universo están la bondad y el amor. "Bueno es Jehová para fortaleza en el día de la angustia; y conoce a los que en él confían" (1:7).

Aun cuando Jehová es un Dios de misericordia y gracia a los que confían en él, es Dios de justicia y de castigo a los malos. A Nínive se le considera como un león rugiente pronto para ser destruído. "El león arrebataba en abundancia para sus cachorros, y ahogaba para sus leonas, y henchía de presa sus cavernas, y de robo sus moradas. Heme aquí contra tí, dice Jehová de los ejércitos. Encenderé y reduciré a humo tus carros, y espada devorará tus leoncillos; y raeré de la tierra tu robo, y nunca más se oirá voz de tus embajadores" (2:12-13).

6.   Joel—"El Profeta del Pentecostés."

Muy diferente de los profetas que ya hemos considerado, Joel no nos da fecha—de aquí que para asignar el tiempo de la escritura del libro deba hacerse sobre la base de referencias incidentales. Muchas de éstas señalan a un tiempo anterior al reino de Achaz, que pondría a Joel entre los profetas del siglo ocho. Es más o menos cierto que el libro se compuso antes de la cautividad babilónica. Joel se describe como el "hijo de Pethuel," y aparte de esto nada sabemos con respecto a él. Su nombre significa "Jehová es Dios," y era muy común en el Antiguo Testamento, puesto que cuando menos trece personajes se mencionan en la Biblia con el mismo nombre.

La ocasión de la profecía de Joel fué una plaga de langostas, cuya devastación se agravó por una sequía tremenda. Esta calamidad, descrita en el capítulo 1:1 al 2:18, se toma por el profeta como una indicación del castigo inminente que ha de venir sobre el pueblo. "Y lacerad vuestro corazón, y no vuestros vestidos" (2:13), es el llamamiento de Dios. "Entre la entrada y el altar, lloren los sacerdotes, ministros de Jehová, y digan: Perdona, oh Jehová, a tu pueblo, y no pongas en oprobio tu heredad, para que las gentes se enseñoreen de ella. ¿Por qué han de decir entre los pueblos: Dónde está su Dios?" (2:17).

Joel es el profeta del Espíritu, teniendo la distinción de ser el que presentó la profecía citada por Pedro en el Pentecostés:

Y será que después de esto, derramaré mi Espíritu sobre toda carne, y profetizarán vuestros hijos y vuestras hijas; vuestros viejos soñarán sueños, y vuestros mancebos verán visiones. Y aun también sobre los siervos y sobre las siervas derramaré mi Espíritu en aquellos días. Y daré prodigios en el cielo y en la tierra, sangre, y fuego, y columnas de humo (Joel 2:28-30).

Profetas del Período de Destierro en Babilonia

Asiria acabó por eclipsarse como dos décadas antes del fin de la séptima centuria antes de Cristo, antes del creciente poderío de Babilonia. Los profetas del segundo grupo, son por tanto conocidos como profetas del período babilónico, o del período de destierro. En lugar de considerarse a Asiria como el principal enemigo de la nación, Babilonia viene a ser la principal amenaza a la seguridad del pueblo de Dios. Aunque era un instrumento de castigo divino en contra de un pueblo apóstata, Babilonia también habría de caer. Jeremías, Ezequiel y Daniel, entre los profetas mayores, pertenecen a este período. Los profetas menores de este tiempo y que consideraremos ahora son Habacuc, Sofonías y Abdías.

193

1. Habacuc—"El Profeta del Avivamiento."

Nada se sabe con respecto a Habacuc, aunque se infiere en 3:1 que era de la tribu de Leví, y uno de los cantores del templo. Su problema sin embargo, es un problema real. Los babilonios (caldeos) son los instrumentos escogidos para el juicio divino y el castigo de los hebreos. No obstante, a pesar de lo grandioso de sus pecados, la maldad de sus opresores es mayor. ¿Cómo puede reconciliarse este hecho con la justicia exacta de Jehová?

La sección principal del libro (capítulos 1 y 2) se divide en dos lamentaciones y en dos oráculos, seguido de cinco maldiciones. En la primera lamentación (1:1-4), Habacuc llora por la iniquidad creciente de su pueblo. Como respuesta, el oráculo de Dios (1:5-11) predice la elevación de los caldeos en su poderío como instrumento de castigo por el pecado. La segunda lamentación duda del uso de una gente más mala para castigar a los que han pecado menos (1:12-17). El segundo oráculo y las cinco maldiciones, (2:1-20), contestan que todas las maldades de la gente serán juzgadas y castigadas. Aun cuando la ira divina tarda en venir, vendrá a su debido tiempo. Las cinco maldiciones son para "el que multiplicó lo que no era suyo" (2:6), al "que codicia maligna codicia" (2:9), "el que edifica la ciudad con sangres, y del que funda la villa con iniquidad" (2:12), "la que da de beber a sus compañeros" (2:15), y a todos los idólatras (2:19).

El capítulo tres es un salmo apocalíptico muy hermoso, representando la venida de Dios en el juicio pidiendo un avivamiento de la justicia en medio de los años de mundanalidad y de pecado.

2. Sofonías—"El Profeta de la Ira de Jehová."

Sofonías, un descendiente del gran rey Ezequías, vivió y profetizó durante el reinado de Josías. Debido a que no se hace mención de la reforma de Josías, parece probable que Sofonías escribió entre el año 638 A.C., cuando Josías ocupó el trono, y el 621 A.C. cuando vino la reforma. Esto lo hace a él contemporáneo de Habacuc. La fuerte exhortación de Sofonías al arrepentimiento bien pudo haber sido uno de los factores influyentes para que el pueblo respondiera a los esfuerzos de Josías sobre la restauración de la verdadera religión.

Sofonías es el profeta del "día del Señor." Este día de juicio se describe en términos potentes:

> Cercano está el día grande de Jehová, cercano y muy presuroso; voz amarga del día de Jehová; gritará allí el valiente. Día de ira aquel día, día de angustia y de aprieto, día de alboroto y de asolamiento, día de tiniebla y de oscuridad, día de nublado y de entenebrecimiento, día de trompeta y de algazara, sobre las ciudades fuertes, y sobre las altas torres. Ni su plata ni su oro podrá librarlos en el día de la ira de Jehová (Sofonías 1:14-16, 18).

El clamor es de "Buscad a Jehová todos los humildes de la tierra, que pusisteis en obra su juicio; buscad justicia, buscad mansedumbre: quizá seréis guardados en el día del enojo de Jehová" (2:3). Sofonías también ve en su visión un mejor día para el pueblo de Dios:

> Canta, oh hija de Sión:
> Da voces de júbilo, oh Israel;
> Gózate y regocíjate de todo corazón,
> Hija de Jerusalem.
>
> Jehová ha apartado tus juicios,
> Ha echado fuera tus enemigos:
> Jehová es Rey de Israel en medio de tí;
> Nunca más verás mal (3:14-15).

3.   Abdías—"El Profeta de la Ruina de Edom."

Abdías, el libro más corto del Antiguo Testamento, parece que fué escrito poco después de la destrucción de Jerusalem. El profeta reprueba al pueblo de Edom por regocijarse sobre la caída de Judá, y señala que aunque los edomitas se sientan seguros en sus fortalezas de la montaña, compartirán el mismo destino común de otras naciones en el Asia Occidental. "La soberbia de tu corazón te ha engañado" (v. 3), dice, "Como tú hiciste se hará contigo: tu galardón volverá sobre tu cabeza" (v. 15). Solo Sión será restaurado para que todas las naciones sepan que "El reino será de Jehová" (v. 21).

Profetas de la Restauración

Los últimos tres profetas menores asociados con el retorno de Babilonia, se conocen como los profetas de la restauración. Son Haggeo, Zacarías y Malaquías.

1. Haggeo—"Profeta de la Construcción del Templo."

Poco se sabe de Haggeo, aunque se deduce por el capítulo 2:3-9 que era ya anciano en el tiempo de la profecía, y que había visto el templo de Salomón en su magnificencia antes de que fuera quemado por los babilonios.

Por quince años, el trabajo de la reconstrucción del templo fué detenido. Se había asegurado un decreto de parte de Darío, permitiendo la continuación de la obra, pero el pueblo era descuidado e indiferente. Haggeo los reprueba por su complacencia en sus casas ricas en tanto que la casa del Señor está en ruinas. La negligencia del pueblo es la causa de su falta de prosperidad—siembran mucho y cosechan poco, y "El que anda a jornal recibe su jornal en trapo horadado" (1:6).

Cuando se resumió la obra, Haggeo estimuló a los constructores con la perspectiva de una gloria mayor que la del templo de Salomón y que habría de coronar el trabajo de sus manos. "La gloria de aquesta casa postrera será mayor que la de la primera, ha dicho Jehová de los ejércitos; y daré paz en este lugar, dice Jehová de los ejércitos" (2:9). Cuando voluntariamente el pueblo ponga sus manos en la obra del Señor, toda otra labor recibirá bendición y prosperidad, y abundancia llenarán la tierra.

2. Zacarías—"El Profeta Mesiánico."

El tiempo y ocasión para la profecía de Zacarías son los mismos que para Haggeo. El escritor se describe como el hijo de Berechías, y nieto de Iddo. Parece entonces que era uno de los sacerdotes más jóvenes (véase Nehemías 12:1, 4, 7), sirviendo en el oficio profético y sacerdotal como Jeremías y Ezequiel habían servido antes.

Los primeros ocho capítulos de Zacarías tratan sobre el tema de Haggeo. El pueblo debe levantarse para construir el templo. Cuando hagan esto, Dios será a Jerusalem "muro de fuego en derredor, y seré por gloria en medio de ella..... porque el que os toca, toca a la niña de su ojo" (2: 5, 8). La obra tiene que hacerse, "No con ejército, ni con fuerza, sino con mi espíritu, ha dicho Jehová de los ejércitos" (4:6). Mucho de esta profecía se expresó en visiones: la visión de los caballeros de Dios, de los cuatro cuernos y de los cuatro guerreros, del hombre con la línea de medir, el candelero de oro, el rollo volante, y los cuatro carros—para nombrar sólo uno cuantos de los seis capítulos.

La última sección de Zacarías es completamente diferente, consistiendo de un número de predicciones apocalípticas en que predomina el elemento poético. Algunos eruditos sostienen que estas son profecías de los últimos días de Zacarías, y que los primeros ocho capítulos presentan las predicciones dadas en su juventud.

Se encuentra un pasaje mesiánico muy importante en el capítulo 9:9-12:

Alégrate mucho, hija de Sión; da voces de júbilo, hija de Jerusalem: he aquí, tu rey vendrá a tí, justo y salvador, humilde, y cabalgando sobre un asno, así sobre un pollino hijo de asna. Y de Ephraim destruiré los carros, y los caballos de Jerusalem; y los arcos de guerra serán quebrados: y hablará paz a las gentes; y su señorío será de mar a mar, y desde el río hasta los fines de la tierra. Y tú también por la sangre de tu pacto serás salva; yo he sacado tus presos del aljibe en que no hay agua. Tornaos a la fortaleza, oh presos de esperanza.

Hablando de la venida de Cristo, el profeta dice, "Y derramaré sobre la casa de David, y sobre los moradores de Jerusalem, espíritu de gracia y de oración; y mirarán a mí, a quien traspasaron, y harán llanto sobre él, como llanto sobre unigénito" (12:10). "En aquel tiempo," dice, "habrá manantial abierto para la casa de David y para los moradores de Jerusalem, para el pecado y la inmundicia" (13:1). En lenguaje semejante al que habría de usar Malaquías más tarde, dice, "Y meteré en el fuego la tercera parte, y los fundiré como se funde la plata, y probarélos como se prueba el oro. El invocará mi nombre, y yo le oiré y dire: Pueblo mío; y él dirá; Jehová es mi Dios" (13:9)

La siguiente promesa es una gema que irradia de una docena diferente de facetas, "Mas acontecerá que al tiempo de la tarde habrá luz" (14:7).

3. Malaquías—"El Profeta de la Reforma Religiosa."

El último en el grupo de Doce Profetas Menores, y el último en el orden de los escritores del Antiguo Testamento es Malaquías, cuyo nombre significa "Mi mensajero." Respecto a este profeta, nada se sabe como no sea lo que se infiere del libro mismo. Aun cuando la profecía no lleva fecha, la opinión general es que refleja un tiempo después del de Haggeo y Zacarías, y probablemente poco después de la muerte de Nehemías.

Malaquías refleja claramente un antecedente de legalismo y formalismo religioso.

La ola de entusiasmo que llevó a los desterrados por el Asia Occidental hacia su tierra, había pasado. Aunque la idolatría no era prominente, parece que el pueblo había perdido el centro y significado de su religión. Ofrecían sus sacrificios pero de muy mala gana. Las ceremonias religiosas se ejecutaban como siempre, pero no con todo el corazón. Retenían el diezmo, y por eso las ventanas de los cielos permanecían cerradas. En un lenguaje potente, Malaquías predica en contra de esos males. Resulta apropiado que el último profeta que habló antes de los cuatrocientos años de silencio que duró hasta el nacimiento de Juan el Bautista recalcara lo repentino de la venida del Mesías. Dios dice, "Yo envío mi mensajero, el cual preparará el camino delante de mí: y luego vendrá a su templo el Señor a quien vosotros buscáis, y el ángel del pacto a quien deseáis vosotros" (Malaquías 3:1). "A vosotros los que tenéis mi nombre, nacerá el Sol de justicia, y en sus alas traerá salud: y saldréis, y saltaréis como becerros de la manada" (4:2). "He aquí, yo os envío a Elías el profeta, (una predicción que Jesús dijo se había cumplido en el ministerio de Juan el Bautista—véase Mateo 11:11-14 y 17:10-13) antes que venga el día de Jehová grande y terrible. El convertirá el corazón de los padres a los hijos, y el corazón de los hijos a los padres: no sea que yo venga, y con destrucción hiera la tierra" (4:5-6).

Así que el Antiguo Testamento termina como un libro incompleto. Señala hacia adelante, más allá de sí mismo, hacia el cumplimiento que habría de venir más tarde. Pasaron más de mil años entre la escritura del Pentateuco y la escritura de Malaquías. A través de este milenio la visión se hizo más clara. En los tipos de la ley, en los cantos de los poetas, en las predicciones de los profetas, la verdad se presentó de una manera clara: la esperanza del pueblo escogido y la esperanza del mundo, descansan en el que vino 400 años más tarde, no a destruir sino a cumplir la ley y los profetas, y a dar su vida en rescate por muchos.